MARCO POLO

NAMIBIA

Reisen mit **Insider Tipps**

> Beeindruckend ist die Weite des
> Landes: Ich kann hier, so lange ich
> es will, allein sein.
> *MARCO POLO Autorin*
> *Ulla Schmitz*
> (siehe S. 135)

W0041585

Spezielle News, Lesermeinungen und Angebote zu Namibia:
www.marcopolo.de/namibia

NAMIBIA

> SYMBOLE

Insider Tipp

MARCO POLO INSIDER-TIPPS
Von unserer Autorin für Sie entdeckt

★ **MARCO POLO HIGHLIGHTS**
Alles, was Sie in Namibia kennen sollten

☀ **SCHÖNE AUSSICHT**

▶▶ **HIER TRIFFT SICH DIE SZENE**

> PREISKATEGORIEN

HOTELS
€€€ über 120 Euro
€€   60–120 Euro
€   unter 60 Euro
Preise für eine Übernachtung im Doppelzimmer mit Frühstück, in Gästefarmen/Lodges mit zusätzlichem Dinner

RESTAURANTS
€€€ über 25 Euro
€€   12–25 Euro
€   unter 12 Euro
Die Preise gelten für ein Hauptgericht ohne Vor- und Nachspeise und ohne Getränke

> KARTEN

[118 A1] Seitenzahlen und Koordinaten für de Reiseatlas Namibia

Karten zu Lüderitz, Swakopmund und Windhoek finder Sie im hinteren Umschlag.

Zu Ihrer Orientierung sind auch die Objekte mit Koordnaten versehen, die nicht ir Reiseatlas eingetragen sind

> SZENE

S. 12–15: Trends, Entdeckungen, Hotspots! Was wann wo in Namibia los ist, verrät der MARCO POLO Szeneautor vor Ort

> 24 STUNDEN

S. 96/97: Action pur und einmalige Erlebnisse in 24 Stunden! MARCO POLO hat für Sie einen außergewöhnlichen Tag in Windhoek zusammengestellt

> LOW BUDGET

Viel erleben für wenig Geld! Wo Sie zu kleinen Preisen etwas Besonderes genießen und tolle Schnäppchen machen können:

Preiswerte Safaritouren S. 35 | Camp für Backpacker S. 55 | Treffpunkt für Abenteurer S. 73 | Cottage für Selbstversorger S. 78 | Gut und günstig speisen S 87

> GUT ZU WISSEN

Spezialitäten S. 26 | Blogs & Podcasts S. 44 | Heia Safari S. 88 | www.marcopolo.de S. 106 | Was kostet wie viel? S. 107 | Bücher & Filme S. 108 | Währungsrechner S. 109 | Wetter in Windhoek S. 110

AUF DEM TITEL
Flugsafari im Skeleton Coast National Park S. 63
Bushman Art in Windhoek S. 43

ENTDECKEN SIE NAMIBIA!

Unsere Top 15 führen Sie an die traumhaftesten Orte und zu den spannendsten Sehenswürdigkeiten

Die Highlights sind in der Karte auf dem hinteren Umschlag eingetragen

 **Waterberg**
Wie ein Tisch erhebt sich das Plateau aus der Buschlandschaft (Seite 36)

Independence Avenue
Die Hauptgeschäftsstraße von Windhoek ist eine Fundgrube für außergewöhnliche Souvenirs (Seite 40)

Caprivi Strip
Namibia als fruchtbares, von alten Wäldern und tiefen Sümpfen durchsetztes Land (Seite 47)

Etosha
Paradies der Tiere – in der trockenen Salzpfanne leben nahezu alle Wildtierarten Afrikas zusammen (Seite 50)

Epupa Falls
Die Landschaft mit ihren Bergmassiven, dem träge dahinfließenden Kunene River und den Baobabwäldern mutet fast noch spektakulärer an als der Wasserfall selbst (Seite 59)

Twyfelfontein
Hier finden Sie die größte Konzentration von Felsgravuren und -malereien der San (Seite 61)

Skeleton Coast
Die unwirtliche Seite des Landes zum Erleben nah. Wie wild die Küste Namibias ist, zeigen die Unmengen gestrandeter Schiffswracks (Seite 63)

> DIE BESTEN MARCO POLO HIGHLIGHTS

 Swakopmund
Mediterranes Flair in einem zauberhaften Städtchen am Atlantik (Seite 64)

 Kuiseb Canyon
Unterirdische Wasserreserven lassen dichte Galeriewälder bestehen – dies ist die Grenze zwischen der Wüsten- und der Dünen-Namib (Seite 76)

 Sossusvlei
Landschaft aus faszinierenden Dünenformationen. Eines der beliebtesten Fotomotive der Welt (Seite 77)

 Namib Rand Nature Reserve und Wolvedans
Die Magie der Wüste in dramatischen Farben und ständig wechselnden Dünenlandschaften (Seite 78)

 Fish River Canyon
Nirgendwo ist der Blick in die Erde Afrikas tiefer, nirgendwo lässt sich das Alter des Kontinents präziser einsehen (Seite 83)

 Kokerboomwoud
Köcherbäume zwischen Granitfelsen (Seite 84)

 Lüderitz
Pastellfarbene Häuser, dunkle Felsen und der türkisblaue Atlantik (Seite 85)

 Kolmanskop
Eine alte, vom Sand eingeschlossene Diamantenstadt mit der Atmosphäre von damals (Seite 88)

WAS
FÜR
EIN
LAND!

> Magie der Farben und des Lichts: Hier spiegelt sich die ganze Faszination Afrikas. Glutrote und violettfarbene Dünenketten, die silbrig schimmernde Fläche der Etosha, das dunkle Grün der Wälder, das strahlende Blau des Himmels – Namibia ist Garten Eden für Wildtiere, Fundort exotischer Pflanzen und geologischer Besonderheiten. Namibia ist aber auch ein Land, dessen farbige Bevölkerung ihren Weg aus der einstigen Unterdrückung und Unselbstständigkeit hin zu ihrer traditionellen Kultur mit Bedacht und selbstbewusst geht. Das Ergebnis ist eine bezaubernde Symbiose afrikanisch-europäischer Prägung.

> Nur zögernd lösen sich die Dünenlandschaften aus der Schwärze der Nacht. Wie mit den Fingern einer Hand tastet sich das fahle Morgenlicht in die Täler der Sandgebirge vor, gleitet hier auf dem Kamm einer Düne entlang, zeichnet dort die Silhouetten einer Herde Kudus nach und verliert sich in den Büscheln des silbrig schimmernden Bushmengrases. Durch die trockenen Halme fegt raschelnd heißer Wind und treibt den Sand der Wüste zu immer neuen Erhebungen vor sich her.

Schnell wie ein Peitschenschlag huschen Eidechsen umher, verkriechen sich im Schatten ausladender Euphorbien, jenen Kakteen, die auf kurzen Stämmen aufragen und damit das Gleichmaß der Wüste unterbrechen. In der Ferne ziehen Strauße, Oryxantilopen und Springböcke vorbei, und Spuren verraten, dass in der Nacht Leoparden und die legendären Wüstenelefanten unterwegs waren. Als wolle die Namib den natürlichen Grenzen der Bergketten im Norden und Osten nur widerwillig Terrain überlassen, verliert sich die älteste Wüste der Welt erst in den schroffen Tälern des Zentralplateaugebirges. Dort legt sie den Bergriesen sandige Kragen um. Sie schillern im ersten Licht des Tages edel wie Hermelin und ergänzen so das Farbenspiel der gebirgigen Steilhänge. Denn dort, wohin der ständig wehende „Südwester" den allmorgendlichen Nebel vom Atlantik bläst und wo die Feuchtigkeit sich an den Felsen

> **Die San sind das älteste Volk Afrikas**

niederschlägt, dort glitzern die Berglandschaften in intensivem Rot, Grün und Schwarz. Im Norden schimmert das Grün des fruchtbaren Caprivi Strip bis weit nach Angola und Botswana hinein, und vor der 1600 km langen Küste gibt sich der Atlantische Ozean nahezu unbezwingbar. Seine haushohen Wellen toben über

Diese zerklüftete Gebirgslandschaft entstand vor etwa 150 Mio. Jahren

scharfkantige Felsen, die so weit ins Meer hinausragen, dass auch heute noch, trotz modernster Navigationshilfen, nur gewiefte Seeleute in der Lage sind, die tückischen Klippen zu umschiffen. Zahllose gestrandete Schiffe in Buchten und auf Felsvorsprüngen erzählen die Geschichte derer, die der Herausforderung dieses Abenteuers nicht gewachsen waren. Und weil diese Wracks Skeletten ähneln, trägt die Küste den Namen Skeleton Coast, Skelettküste. Unwirtlichkeit dominiert das karge Land, und noch immer hat die Wüste ihre Vorherrschaft zurückgewonnen.

Namibia ist mit einer Fläche von 824 292 km^2 mehr als doppelt so groß wie Deutschland. Nirgendwo in Afrika ist man den Urgewalten der Schöpfung näher als hier, kann nirgendwo tiefer ins Innere der Erde blicken als im Fish River Canyon, wo 200 Mio. Jahre geologischer Erdgeschichte bloß liegen, und spürt nir-

gendwo die Hitze des Magmas deutlicher als in Ai-Ais. In keiner anderen Region Afrikas ist der Wildtierreichtum vielfältiger als in der Etosha, einer riesigen Salzpfanne im Norden Namibias. „Großes weißes Nichts" nennen die San das Gebiet, und sie wissen zu erzählen, dass zu jener Zeit, als ihre Vorfahren ins südliche Afrika zogen, diese Gegend noch von Seen durchsetzt war.

Die San sind das älteste Volk Afrikas. Ihre Geschichte ist 40 000 Jahre alt, seit 10 000 Jahren leben sie im Südwesten des Kontinents. Mit ihnen die Damara, die Herero, die Nama, die Himba, die Ovambo, die Kavango – und die 100 000 weißen Namibier.

> ## ❯ Namibia ist heute eine moderne Nation

Ein Großteil von ihnen sind Nachfahren jener Bauern und Händler, die sich in den Jahren zwischen 1886 und 1919 in der Kolonie Deutsch-Südwestafrika ansiedelten. Zwar war das kein fruchtbares Land, doch gab es nach Auffassung der Fremden genügend davon. Schließlich waren die deutschen Schutztruppen mit dem Befehl entsandt worden, die Einheimischen in Reservate zu verbannen und zur Arbeit zu versklaven. Wer sich dagegen wehrte und wer sich den Besatzern in den Weg stellte, der wurde einfach niedergemetzelt.

Nur 31 Jahre dauerte die Okkupation der Kolonie Deutsch-Südwestafrika – von 1884 bis 1915, doch die Präsenz des deutschen Erbes ist noch

WAS WAR WANN?

Geschichtstabelle

heute nicht nur am Bier zu erkennen, das nach deutschem Reinheitsgebot in Windhoek gebraut wird. Denn obwohl Südafrika sofort das Mandat für Namibia übernahm, entwickelten die im Land verbleibenden Deutschstämmigen einen starken Traditionalismus. Man wollte vetrautes Lebensgefühl auch in der Fremde genießen. Die Folge war eine Deutschtümelei, die selbst in Deutschland nicht übertroffen wurde. Klar, dass man Deutsch sprach. Man pflegte die Eigenheiten deutscher Kultur in Turn- und Karnevalsvereinen, bei den Pfadfindern, den Landfrauen, in der Feuerwehr und im Schützenverein. Afrikanisches Lebensgefühl schien fehl am Platz. Doch hat sich das Blatt nach der Unabhängigkeit 1990 gewendet: Schulen und Studienplätze sind genügend für alle da. Freie Stellen werden nach Qualifikation, nicht allein der Hautfarbe wegen vergeben; Kulturveranstaltungen oder das Warenangebot der Geschäfte sind nicht mehr nur nach dem Geschmack europäischer Konsumenten ausgerichtet. Die Amtssprache Englisch ist seitdem auch Umgangssprache – Dinge, die im großen Weltgeschehen unwichtig sein mögen. Für die notwendige Identifizierung der Bevölkerung mit ihrem Land ist dies ein wichtiger Schritt hin zur Eigenständigkeit.

Aber die afrikanische Krankheit der Korruption und Vetternwirtschaft grassiert auch in der namibischen Verwaltung. Ein Großteil der Bevölkerung lebt unter der Armutsgrenze. Die anhaltende Landflucht, die eine Zusammenballung Bedürftiger in den Slums der Vorstädte zur Folge hat, verschärft das Problem der wachsenden Kriminalität noch.

> **Namibias Tierreichtum ist einzigartig**

Namibias Wirtschaft indes ist erfolgreich: Vor der Uran- und Tafelsalz-

Anfänglich geschmäht als Abklatsch der verheerenden Enteignungspolitik in Simbabwe, scheint sich die Regierung jedoch an das Prinzip des Landreformgesetzes zu halten, indem sie ihr Vorkaufsrecht wahrnimmt, um Farmen zu erwerben und an die landlose Bevölkerung zu verteilen. Diese Methode ist bei den betroffenen,

Löwen an einer Wasserstelle im Kalahari Gemsbok National Park

produktion, der Austernzucht, dem Guano- und Mineralienabbau (Namibia ist die fünftgrößte Bergbaunation der Welt) rangiert der Tourismus auf dem ersten Platz der Devisenskala.

Mit der Stabilität wächst die Hinwendung zur Moderne, gehen die Blicke immer weiter über den Tellerrand hinaus. Die Umverteilung einst enteigneter Ländereien ist im Gang.

meist weißen Farmbesitzern nicht beliebt, und so bleibt abzuwarten, wie sich das politische Klima entwickeln wird. Garant einer stabilen Ökonomie ist nicht zuletzt der Tourismus, und solange das Bild des heutigen Namibia mit seiner perfekten Infrastruktur und den Szenerien von naturnahen bis luxuriösen Begegnungen mit dem Land erhalten bleibt, wird sich daran nichts ändern.

▶▶ TREND GUIDE NAMIBIA

Die heißesten Entdeckungen und Hotspots! Unser Szene-Scout zeigt Ihnen, was angesagt ist

Silke Feldmann

ist Journalistin und Medienberaterin in Windhoek. Ihr Job ist es, Trends aufzuspüren und diese selbst zu leben. Von Mode über Musik bis hin zur Kunst – Silke Feldmann kennt sich aus und weiß, worauf die Szene gerade steht. Die Faszination für ihre Wahlheimat hält die leidenschaftliche Travellerin in ihrem Reiseblog fest *(http://namibiatraveller.blogspot.com)*.

▶▶ TRADITION MEETS MODERNE

Fashion & More

Mit ihren Kreationen treffen die Design-Newcomer genau den Nerv der Fashion-Welt: Sie mischen traditionelle Muster mit innovativen Ideen, die sich an internationalen Trends orientieren. „New, Naturally Namibian and Absolutely Necessary" ist zum Beispiel das Motto der *Pambili Association* (*www.namany.ne,* Foto), einer neuen, namibischen Mode-Initiative. Das fünfköpfige Designer-Team vermarktet seine in Namibia produzierten

Schmuckstücke und Stoffe. Ihre Kollektion hat sich auch schon im Ausland einen Namen gemacht. Modemacherin Mariet Kruger fügt ihren Entwürfen einen weiteren Gesichtspunkt hinzu. Sie setzt auf Style plus Outdoor-Funktionalität. Ihre Modelle sind kreativ, praktisch und individuell: So kann man zum Beispiel Cargo-Hosen in Taschen oder Jacken in Schlafsäcke verwandeln.

SZENE

▶▶ NEUE NIGHTLIFE-AREA

Feiern auf dem Fabrikgelände

Wer das echte Nightlife sucht, der findet es im südlichen Industrieviertel von Windhoek. Hier trifft man sich in angesagten Clubs und Pubs zum Chillen, Feiern oder Sport gucken. Allen voran der *Club London (Nasmith Street, Südliches Industrieviertel)*. Er ist mit Sicherheit einer der lässigsten Clubs fürs Wochenende. Enthusiastisch startet man in der *Zanzibar (Voigts Street, Südliches Industrieviertel,* Foto*)* in den Feierabend. Rugbyspiele flimmern über den Bildschirm, und beim Anfeuern der Lieblingsmannschaft oder beim Poolspielen vergisst man schnell den Berufsstress. Ein weiterer Hotspot für Fußball-, Kricket- oder Rugbyfans, die beim Drink gern die Sportergebnisse im Auge behalten, ist die *Sports Bar (Kepler Street. Südliches Industrieviertel)*.

▶▶ INTERNATIONALE KÜCHE

Experimentelle Kochkunst

Rezepte aus aller Welt fusionieren mit ursprünglichen Gerichten Afrikas. Was daraus entsteht, ist das neue Must in den Kochtöpfen des Landes. Die Köche des *Namibian Institute of Culinary Education* – kurz *NICE* – lernen, wie man die Geschmäcker der Welt miteinander verbindet und können ihre Künste gleich nebenan im Restaurant zeigen. Das moderne Lokal mit Schauküche gilt als eine der besten kulinarischen Adressen des Landes *(2 Mozart Street, www.nice.com.na)*. Szeneliebling in Sachen International Cooking ist das Restaurant *Am Weinberg*. Auf dem über 100 Jahre alten Anwesen zaubert Chefkoch Jochen Berends eurasische Bio-Küche von der eigenen Farm *(13 Jan Jonker Street, Klein-Windhoek,* Foto*)*.

▶▶ WORTSPIELE

Rap aus Namibia

Die Musikszene steht auf den angesagten Mix aus rhythmischer Sprache und Gesang. Spoken Word funktioniert intuitiv und ohne feste Regeln. Die Performer haben Kultstatus: Vorreiter der Szene ist Zolani Tyalimpi alias *Prince Shapiro* (Foto). Der wortgewaltige Künstler performte schon auf Festivals wie *Arts Alive* oder *Revel-in* und ist Mitglied von *Sounds of Edutainment*, einer Reggae-Combo, die in Johannesburg Erfolge feiert. Weiteres Aushängeschild: Jackson Kaujeua. Der etablierte Sänger gilt als einer der einflussreichsten Musiker des Landes und schließt sich seit neuestem dem Spoken-Word-Trend an. Die Spoken-Word-Shows finden jeden ersten Mittwoch im Monat in der *Bank Windhoek Theatre School* statt *(12 John Meinert Steet, www.bankwindhoekarts.com.na)*.

▶▶ FRAUENPOWER

Kunst mit politischem Hintergrund

Namibias Künstlerinnen nutzen Galerien, Ausstellungen und Projekte als Plattform, um ihre Messages zu verkünden. Oft geht es dabei um Tabuthemen. Imke Rusts Skulpturen (Foto) und Werke setzen sich zum Beispiel mit Herrschaft und Gewalt auseinander. Die ehemalige Kuratorin der *National Art Gallery of Namibia* experimentiert dabei mit neuen Techniken. So auch Nicky Marais, die für abstrakte Malerei mit sozialen Statements steht. Die engagierte Künstlerin ist u. a. für die Wandmalerei an der Secondary School *Augustineum* in Windhoek verantwortlich. Die Werke der Künstlerinnen werden außerdem regelmäßig im *Franco-Namibia Cultural Centre (118 Robert Mugabe Avenue, www.fncc.org.na)*, einer Plattform für zeitgenössische Kunst in Namibia, gezeigt. Hier findet man auch die Arbeiten der deutschstämmigen Expressionistin Barbara Pirron.

►► SHOP AND DINE

Alles unter einem Dach

Einkaufen und gleichzeitig Kaffee trinken: Das ist das Erfolgskonzept der Style-Boutiquen. Den besten Cappuccino von Windhoek trinkt man an der Kaffeebar von *Wecke & Voigts.* Neben dem neuesten Klatsch bekommt man hier Wohnaccessoires wie Designervasen, Postkarten und Delikatessen *(Independence Ave., Gustav Voigts Centre,* Foto).Während man bei *Pandora's Box & Café* z.B. Stoffe oder handgemachte Omaruru-Schokolade shoppt, lässt man sich Kaffee und Kuchen schmecken. Highlight jeden Freitag ab 12 Uhr sind Kartoffelpuffer *(Ankerplatz, Woermann & Brock Centre, Swakopmund).*

►► AUF ACHSE

Inlineskates erleben ein Revival

Back to the routes: Inlineskates sind hipper denn je! Inzwischen dreht sich in der City alles um die Schuhe auf vier Rollen. Kein Wunder also, dass ein Weltrekord im Dauer-Skaten her musste: Insgesamt 464 km legte das *Kamikaze-Inline-Hockey-Team* des *Deutschen Turn- und Sportvereins* in 24 Stunden zurück. Der Klub bekommt immer mehr Mitglieder, gerade wird eine Frauen-Nationalmannschaft aufgestellt *(Sean McBride Street, Windhoek, www.dts.org.na).*

►► SLEEP WELL

Die neue Romantik

Kerzenschein, Luxus in Holz oder Natur pur! Namibias Hotels besinnen sich auf das Wesentliche und erschaffen damit romantische Locations. Das Interior des *Olive Grove Guesthouse* ist very sophisticated und erinnert mit orientalischem Dekor an einen Palast aus Tausendundeiner Nacht. Tipp: Beim Sonnenuntergang in die Open-Air-Lounge gehen – im Flackerlicht der Laternen ist der Romantikfaktor hoch *(20 Promenaden Road, Windhoek, www.olive grove-namibia.com, Foto).* Wer es natürlich mag, ist in der *Erongo Wilderness Lodge* richtig. In den Chalets, die auf Holzpfählen stehen, genügt ein Blick in die Wildnis, um zur Ruhe zu kommen *(Omaruru, www.erongowilderness-namibia.com).*

BEVÖLKERUNG

Von den knapp 2 Mio. Namibiern sind rund 100 000 weiß. Etwa ein Viertel der hellhäutigen Namibier sind deutscher, britischer oder burischer Herkunft. Der schwarze Bevölkerungsteil setzt sich im Wesentlichen aus zehn Ethnien zusammen: Die *San* – von den Europäern Bushmen genannt – gelten als Ureinwohner des Landes. Auch die *Damara* zählen zu den ältesten Bevölkerungsgruppen Namibias. Die *Herero* stammen von Viehzucht treibenden Bantuvölkern ab, die im 15. Jh. auf der Suche nach neuen Weidegründen in den Südwesten Afrikas kamen. Man erkennt sie an ihrem hohen Wuchs, an ihrem stolzen Gang und die Frauen der Herero an ihrer wilhelminischen Tracht. Direkte Verwandte der Herero sind die *Himba.* Der größte Teil dieser Ethnie lebt im

Bild: Spitzkoppe

STICH WORTE

Nordosten Namibias. Die *Ovambo* bilden das zahlenmäßig größte Volk, im Kampf um die Unabhängigkeit Namibias spielten sie eine wichtige Rolle; mit Sam Nujoma stellten sie den ersten Präsidenten der unabhängigen Nation. Die *Kavango* an den Ufern des Okavango sind ursprünglich ein Bantuvolk. Die *Capriviander* leben im Caprivi Strip. Namibias auffälligste Bevölkerungsgruppe bilden die *Rehobother Baster*, Mischlinge aus Verbindungen von Khoikhoi und Europäern, die im 19. Jh. aus der südafrikanischen Kapprovinz gen Norden zogen und sich zunächst um Rehoboth ansiedelten.

BRAAI

Kein Zusammensein ohne diese Grillveranstaltung. Braai geht folgendermaßen vor sich: Die Frauen sind für die Salate und die Folienkartoffeln zuständig – und dafür, die Kinder in Schach zu halten. Außerdem trinken Frauen beim Braai nur wenig oder gar keinen Alkohol, weil sie später die Familie nach Hause fahren müssen. Alkohol in Form von viel, viel Bier fällt in den Konsumbereich der Männer, deren hochheilige Aufgabe es ist, das *Braaivleis* und die *Boereworst* (Grillfleisch und Burenwurst) zu grillen. Daraus könnte man schließen, dass Braai reine Männersache ist. Stimmt aber nicht!

FAUNA

Namibias Wildtierreichtum ist in Afrika einzigartig. Löwen, Leoparden, Geparden, Elefanten und Rhinozerosse können einem sogar außerhalb der Nationalparks begegnen, sämtliche Antilopenarten ohnehin, Springböcke und Kudus auch. Zebras, Strauße und Warzenschweine kreuzen die Wege. Und gemeinsam leben alle im Etosha National Park.

FLORA

Etwa zwei Drittel Namibias bestehen aus Savannen und Grasland. Verschiedene Akazienarten unterbrechen diese vermeintliche Ödnis, und wer aus dem Süden und Westen Richtung Nordosten reist, wird feststellen, dass sich Baum- und Buschbestand verdichten. Ein Großteil der Bäume Afrikas wächst hier: Affenbrotbäume und Mopane, wilde Feigen, Makalani- und Ilalapalmen und Köcherbäume in den Wüstenregionen. Im Südosten dagegen herrscht der *Kameldoorn* (Giraffenakazie) vor, Namibias Nationalbaum. Im trockenen

Mudumu National Park: Flusspferde im Kwando River

Süden überleben allein Sukkulenten, angepasst an die extreme Trockenheit durch Wasser speichernde Blätter und Wurzelsysteme. Eine botanische Besonderheit sind die Flechten der Namib, Symbiosen aus Schlauchpilzen und Algen, aber der Star namibischer Flora ist eine biologische Besonderheit: die *Welwitschia mirabilis,* eine prähistorische Holzpflanze, die ihren Stamm im Boden versteckt, sodass nur die Krone als flach gepresstes Gewächs sichtbar ist.

GÄSTEFARMEN

Was einst in eher hausbackenem Ambiente begann, hat sich mittlerweile zu einer vielfältigen Beherbergungskultur entwickelt: Von einfachen Unterkünften bis zu Fünfsternehäusern ist alles vertreten. Eine nicht unwesentliche Zahl dieser Gästefarmen sind auch oder ausschließlich Jagdfarmen. Vorsicht: Frei auf den Farmen lebende wilde Tiere sind nicht so harmlos wie oft dargestellt.

KARNEVAL

Bis vor wenigen Jahren noch emphatisch gepflegt, geht den namibischen Karnevalisten der Nachwuchs aus. Noch aber finden Bälle, Sitzungen und Umzüge statt – zwischen Mai und August, im hiesigen Winter.

NACOBTA

Für Individualreisende, die Lust auf intensive Nähe zum Land haben, bieten die Projekte der NACOBTA *(Namibian Community Based Tourism Association)* ideale Möglichkeiten.

NACOBTA ermöglicht ländlichen Gemeinden das Betreiben eigener Tourismusprojekte wie Campingplätze und *traditional villages. Auskünfte und zentrale Reservierung Tel. 061/25 05 58 | Fax 22 26 47 | www. nacobta.com.na*

POLITIK

Namibia wird von Windhoek aus regiert. Das Land ist in 13 politische Regionen aufgeteilt, jede wird von einem Regionalparlament verwaltet, dem wiederum die einzelnen Gemeindeverwaltungen unterstehen. Stärkste Regierungspartei ist die Swapo, die frühere Rebellenpartei, deren ursprüngliches Programm marxistisch orientiert war. Einer ihrer Führer war Sam Nujoma, 14 Jahre lang Namibias Präsident. Seit 2004 ist Hifikepunye Pohamba Präsident, der zweite des Landes nach der Erlangung der Unabhängigkeit am 21. März 1990. Erklärtes Ziel seiner Regierung ist die schrittweise Realisierung der sogenannten „Vision 2030". Schwerpunkte dieses ehrgeizigen Projekts sind die Bekämpfung von Armut und Aids sowie die Schaffung verbindlicher Richtlinien für die Geschäfts- und Personalpolitik einheimischer Unternehmen „mit dem Ziel, das namibische Volk in eine gesunde Nation mit genügend Nahrung, hoher Lebensqualität und guter Ausbildung zu verwandeln." Außerdem soll die Politik der nationalen Aussöhnung vor dem Hintergrund der zahllosen, noch immer als vermisst geltenden Opfer des Unabhängigkeitskampfs nachhaltiger etabliert werden.

REISEN IM WOHNMOBIL

Kein Ferienvergnügen genießen die Namibier mehr, als im Caravan durchs Land zu kreuzen. Dabei fehlt es den oft abenteuerlich hergerichteten Wohnmobilen auch nicht an der mobilen Gartenlaterne, dem bodenbeheizbaren Vorzelt, Grillausrüstungen und Vorrichtungen für die Angelruten an der Stoßstange. Namibias Infrastruktur ist reich an Caravan-

Einkaufsbummel in Opuwo

parks, allerdings gibt es dort nur wenige Möglichkeiten zum Zelten, denn das existiert im Verständnis namibischer Freizeitgestaltung nur bedingt. Dafür sind garantiert genügend *Braaipleks,* Grillplätze, vorhanden.

ROCK-ART

Die San gelten als die ältesten Einwohner des südlichen Afrikas. Ihnen verdankt auch Namibia mit Felsmalereien und -gravuren die größten künstlerischen Attraktionen des Landes aus Zeiten, die bis zu 20 000

Jahre zurückliegen. Darstellungen von Tieren, Menschen im Alltag wie bei der Jagd und im Clan, Götter und Landschaften wurden mit Farben aus natürlichen Substanzen auf die Felsen der Umgebung gemalt oder mit Steinen in die weiche Oberfläche der Sandsteine geritzt – als Tagebücher beispielsweise oder als Zeitung, als Gruß oder Erfahrungsreport für nachfolgende Familienverbände. Felsmalereien oder Rock-Art – auch als Gravuren – sind über die gesamte Fels- und Berglandschaft Namibias verstreut, mal weniger üppig, an manchen Stellen, wie am Brandberg oder bei Twyfelfontein, jedoch so reichhaltig, dass die Gegend den Charakter einer Openairgalerie hat. Oft hat die lokale Gemeinde die Kunstvorkommen unter ihren Schutz genommen, sodass die Erwanderung der verschiedenen Kunstwerke nur mit einem Führer möglich ist – was angesichts von bereits zerstörten, weil übermalten oder zerkratzten Bildern auch notwendig ist.

SPRACHE

Amtssprache ist Englisch, viele Namibier aber sprechen drei Sprachen: Afrikaans, eine Kunstsprache, aus dem Holländischen entstanden und von Südafrika ins Nachbarland importiert; Englisch, das vornehmlich von den jungen Namibiern gesprochen wird, und Deutsch. Das beherrschen nicht nur die deutschstämmigen Namibier, sondern auch einige der alten Schwarzen noch – meist, weil sie für deutschsprachige Arbeitgeber tätig waren oder immer noch sind.

> *www.marcopolo.de/namibia*

WIRTSCHAFT

Mit einem durchschnittlichen Pro-Kopf-Einkommen von 1460 US$ im Jahr liegt Namibia hinter Botswana und Südafrika an siebter Stelle. Allerdings lebt mehr als die Hälfte der namibischen Bevölkerung an oder unter der Armutsgrenze, nur 10 Prozent der Haushalte/Unternehmen verdienen 55 Prozent des nationalen Gesamteinkommens. Den höchsten Lebensstandard haben die deutschstämmigen Namibier, den niedrigsten die San. Landwirtschaft, Fischerei und Bergbau stellen die Säulen der namibischen Ökonomie dar, bei einem relativ hohen Lohnniveau und dem Rückgang der Produktivität treten die wirtschaftlichen Probleme des Landes erstmalig seit der Unabhängigkeit deutlich in den Vordergrund. In Relation zum Bevölkerungswachstum stieg das Wirtschaftswachstum 2005 auf knapp 5 Prozent. Diese gute Nachricht wurde von der sinkenden Inflationsrate unterstützt, dennoch bleibt die traditionelle wirtschaftliche Abhängigkeit von Südafrika unübersehbar, obwohl schon vor Jahren große Schritte in Richtung Abkoppelung angekündigt wurden.

Mehr als 70 Prozent der Bevölkerung betreiben Landwirtschaft, jedoch fast ausschließlich zur Eigenversorgung, da der Boden einen ertragreichen Anbau nur im fruchtbaren Norden zulässt. So ist der Beitrag dieses Sektors zum Bruttoinlandsprodukt mit 7 Prozent nur gering. Davon erwirtschaftet die Viehzucht den Löwenanteil von über 90 Prozent. Allerdings ist dieser Be-

Rock-Art: Jahrtausendealte Felsgravuren sind über ganz Namibia verstreut

reich besonders den klimatischen Unbilden des Wüstenlands ausgeliefert. Da verwundert die Umorientierung zahlreicher Farmer zum *game farming* nicht. Denn nicht nur die Straußenzucht besitzt ein deutlich besseres ökonomisches Potenzial, auch das Fleisch anderer Wildtiere ist längst zum Exportschlager avanciert. Die Fischfangindustrie hat der Landwirtschaft mittlerweile den Rang abgelaufen. Im Aufwind ist die Dienstleistungsbranche, was die Hoffnung auf den Abbau der hohen Arbeitslosigkeit von 60 Prozent fördert.

BUNT UND AUSGELASSEN
Viele Feste haben traditionellen Charakter – gefeiert wird ausgiebig

> Die Kargheit des Landes erfordert von seinen Bewohnern ständig den größten Einsatz im Alltag. Umso enthusiastischer werden Abwechslungen davon wahrgenommen, und da bieten sich die Feiertage und Feste für Zusammenkünfte und ausgelassene Feiern an. Bemerkenswert allerdings ist der Aufwand, der dazu vonnöten ist, denn in einem Land, in dem die Ortschaften oft Hunderte von Kilometern auseinanderliegen, wo man eine gute Autostunde braucht, um den nächs--ten Nachbarn zu treffen, da fährt man nicht einfach mal schnell da- oder dorthin. Kein Wunder also, dass man sich nur selten sieht, kein Wunder also, dass das Feiern dann desto mehr Spaß macht!

▨ OFFIZIELLE FEIERTAGE ▨
1. Jan. *New Years Day;* **21. März** *Independence Day;* **Karfreitag** *Good Friday;* **Ostermontag** *Easter Monday;* **1. Mai** *Workers Day;* **4. Mai** *Cassinga Day;* **Christi Himmelfahrt** *Ascension Day;* **25. Mai** *Africa Day;* **26. Aug.** *Heroes Day;* **10. Dez.** *Human Rights Day;* **25. Dez.** *Christmas;* **26. Dez.** *Family Day*

▨ RELIGIÖSE FESTE ▨
Dezember
Christmas Day: Am 25. Dezember haben grundsätzlich alle Geschäfte geschlossen, und auch alle farbigen Hausangestellten sind dann vom Dienst befreit. In allen Kirchen, bei allen christlichen Sekten (es existieren derer gut 150 im Land) werden stundenlange Zusammenkünfte gefeiert, mit viel Musik, vielen Gebeten und viel gutem Essen.

▨ ANDERE FESTE ▨
Mai–August
★ *Karneval:* Traditionell beginnt der Karneval im Mai in Windhoek – WiKa genannt. Einen Monat später gibt es in Swakopmund den Küstenkarneval – KüKa –, im Juli in Walvis Bay, in Okahandja wieder einen Monat später.

Aktuelle Events weltweit auf www.marcopolo.de/events

> EVENTS
FESTE & MEHR

Juni

Fête de la Musique: Der internationale Tag der Musik wird in Windhoek und Swakopmund als Großveranstaltung unter großem Anklang begangen.

August

Otjiserandu: Das traditionelle Herero-Fest von Okahandja am Sonntag nach dem 23. August wird in Rot gefeiert, denn dies ist die Farbe der Maherero. Phantasievolle Uniformen, die viktorianische Tracht der Frauen in allen Rottönen, martialische Gesten zum Umzug – die Einheit dieser Herero-Dynastie wird in einem prachtvollen Umzug eindrucksvoll demonstriert. Fremde und Touristen sind dazu eingeladen.

September

/Ae//gams Festival: Ein Straßenfest, in dem die traditionelle Vielfalt Windhoeks dargestellt und das friedliche Miteinander der verschiedenen Bevölkerungsgruppen fröhlich gefeiert wird.

Oktober

Oktoberfest: Das Fest am ersten Oktoberwochenende markiert das Ende des hiesigen Winters. Fassbier, Leberkäs', Hax'n und Würschtln, Blasmusik und krachlederne Musi bestimmen dann das Bild in Windhoek.

Zeraoua-Fest: Am Wochenende vor dem 10. Oktober findet das Ahnengedenkfest der Zeraoua-Herero statt, ihr wichtigstes Fest. Alle Angehörigen des Stamms kommen in Omaruru zu einem Umzug durch die Stadt zusammen. Danach wird ein Gottesdienst zelebriert, bei dem Fremde nicht zugelassen sind.

Dezember

Swakopmunder Musikwoche: Seit 1965 gilt dieser Event als eines der traditionsreichsten Kulturveranstaltungen. Im Mittelpunkt steht die klassische Musik, der Zugang zu den Proben und Aufführungen steht jedem Namibier offen, was von zahlreichen hoffnungsvollen Interpreten genutzt wird.

> MILIPAPP, KUDUFLEISCH UND GRÜNER SPARGEL

Trotz exotischer Fische und Fleischsorten –
die namibische Küche entstammt der deutschen

> Lange Jahre war das Festhalten an der deutschen Küche im Südwesten Afrikas Gewohnheit. Heute aber sind Gerichte wie Sauerbraten, Bratwürstchen oder Eisbein und Sauerkraut auf den Speisekarten der Restaurants eher als eine Hommage an die Ursprünge der namibischen Küche zu verstehen.

Denn auch die hat sich emanzipiert. Hat zunächst die Kniffe einer Nouvelle Cuisine erlernt, sodass die Erbsen und Karotten, die nun einmal traditionell zum Rinderbraten gereicht werden müssen, knackfrisch statt zerkocht auf dem Teller liegen. Auch die Zubereitung des Sauerbratens ist nicht mehr unbedingt eine Angelegenheit mit vielen Rosinen und Schwarzbrot in der Sauce. Stattdessen sind Feigen, Quitten oder Guaven darin sehr schmackhaft. In diesem Kontext ließen sich zahllose Beispiele anführen, aber eines ist nicht verhandelbar: Fleisch muss

> *www.marcopolo.de/namibia*

ESSEN & TRINKEN

sein! Sei es nun Rind – namibisches Rindfleisch zählt mit zum wohlschmeckendsten der Welt – oder Springbock, Antilope, Zebra oder Strauß: mariniert, sautiert, gebraten oder gegrillt.

Nur noch selten werden Sie Beilagen wie saure Bohnen oder Krautsalat auf den Büfetts der Restaurants, in Lodges und Gästefarmen finden. Doch mit dem Gemüse ist das so eine Sache im Wüstenland Namibia. In der kargen Erde gedeihen Salate, Karotten, feine Bohnen und erlesene Kräuter, ebenso wie Früchte, nur mühsam. Das alles muss aus Südafrika eingeführt werden und ist deshalb sehr teuer oder oft nicht auf dem Markt. Doch die Lücke lässt sich durch Avocados, Butternut-Kürbisse, Omajova-Pilze und grünen Spargel vortrefflich schließen. Sie werden alles vergessen, was Ihnen bisher an heimischem Spargel so delikat erschien, wenn Sie den frischen, duftenden und herzhaft schmeckenden grünen Spargel, der in Swakopmund gezüchtet wird, probiert haben. Und da wir schon an der Küste sind: Seehecht, Dorade, Makrele, Langusten, *crayfish* (eine Hummerart) und Austern kommen hier fangfrisch auf die Tische eines jeden Restaurants. Das hat Tradition; verhältnismäßig neu hingegen ist die Akzeptanz, die man Straußenfleisch als wohlschmeckendem Nahrungsmittel entgegenbringt. Bis vor ungefähr 20 Jahren noch stand Strauß nur bei der Fütterung von Hunden und Katzen auf dem

> SPEZIALITÄTEN
Genießen Sie die typisch namibische Küche!

SPEISEN

Austern – sehr herzhaft im Geschmack (Foto)

Bobotjie oder Potje – Eintopf mit viel Fleisch, Hirse, Kartoffeln und Wurzelgemüsen, im Potje (Pokie gesprochen, gusseiserner Topf auf drei kurzen Beinen) über oder im offenen Feuer gegart

Boerewors – Bratwurst mit unterschiedlichen Fleischfüllungen, muss auf dem Grill zubereitet werden

Butternut – kleine Kürbisart, schmeckt süßlich-würzig. Ist auch für eine köstli-

che Suppe ideal

Crayfish – ein Bruder des Hummers. Er wird an der Küste fangfrisch serviert

Croc-Meat – Krokodilfleisch, schmeckt ein wenig wie Huhn, ein wenig wie Fisch. Wird am Spieß oder als Kotelett serviert

Mopaneworms – Würmer aus den Blättern der Mopanebäume. Klingt eklig, schmeckt frittiert aber köstlich, wie gut gewürzte Pommes frites

Omajova – Pilze, die während der Regenzeit auf Termitenhügeln wachsen. Ihr Aroma erinnert an das der Pfifferlinge

Ostrich – Straußenfleisch. Ähnelt in Aussehen und Geschmack erstklassigem, fettfreiem Rindfleisch. Als Braten, Gulasch, Gehacktes, Filet und Schnitzel serviert

Snoek – Seehecht, wird in Zitronensaft mit Dill gedünstet

GETRÄNKE

Appletizer/Grapetizer – erfrischende, kohlensäurehaltige Fruchtgetränke aus der Dose, extrem durstlöschend

Tombo – selbst gebrautes Hirsebier. Bei der schwarzen Bevölkerung sehr beliebt, auch bei Kindern, dann allerdings unvergoren. Wird auch *Mdebere, Kashipembe* oder *Mahango* genannt

Plan. Dass es kein fett- und cholesterinfreieres und kein kalorienärmeres Fleisch gibt, das zudem zart wie Rinderfilet ist – und auch so schmeckt –, war neu.

Empfehlenswert sind Fischspeisen. In Swakopmund werden sehr köstliche geräucherte Barben mit Zwiebelringen angerichtet, und in Lüderitz sollten Sie sich einen Teller *crayfish* auftischen lassen. Frische namibische Austern gehören zu den besten der Welt. Beim Besuch der Küste sind sie ein kulinarisches Muss. Gut zubereitet, kann Fleisch von Krokodilen, Zebras und Elenantilopen, Kudus und Kaffernbüffeln, Springböcken und Schwarzfersenantilopen eine willkommene Geschmacksabwechslung sein.

Unangetastet von diesen Neuerungen allerdings sind die Backwaren, diese traumhaft mächtigen Frankfurter Kränze, Schwarzwälder Kirschtorten, Windbeutel, Käsekuchen und Sahnetrüffel-Buttercreme-Torten. Kalorientabellen und Cholesterinspiegel scheinen in Namibia nicht zu existieren – es zählen nur die Rezepte aus Großmutters Zeiten.

Die traditionelle Küche der schwarzen Bevölkerung aus Hirse, Kuh- und Ziegenmilchprodukten wird nur in den Restaurants der Schwarzensiedlungen angeboten. Deren Bewohner essen meist zu Hause, nur an besonderen Feiertagen gehen sie aus. Dann isst man ganz viel – und besonders fettes – Fleisch. Auch können Sie in diesen Lokalen *milipapp* probieren, den afrikanischen Maisbrei, der ebenfalls sehr nahrhaft ist. Namibier, gleich welcher Herkunft, knabbern am liebsten

biltong, gedörrtes, scharf gewürztes Fleisch von Rind, Strauß, Kudu, Antilope. Einst als eiserne Ration für lange Trecks gedacht, ist *biltong* fast überall erhältlich. Der Begrüßungs-

Kalorienreiche Köstlichkeiten

trunk aus geronnener Ziegenmilch, den Besucher in den Dörfern der Himba gereicht bekommen, ist nicht jedermanns Geschmack.

Die erstklassigen südafrikanischen roten und weißen Weine werden zu günstigen Preisen verkauft, in Windhoeker Spitzenrestaurants können sie mitunter aber auch etwas mehr kosten. Ein besonderer Genuss sind einige der Weine aus namibischem Anbau. Ohnehin existieren nur sehr wenige Weinfarmen im Land, eine von ihnen ist die Farm Thonningii im Otavi Valley. Deren Shiraz – es werden nur knapp 2000 Flaschen jährlich abgefüllt – ist jede Reise dorthin wert. Bierliebhaber dürfen sich freuen: sie finden in ganz Afrika keine bessere Auswahl – allen voran Windhoek oder Hansa.

DIAMANTEN UND STRAUSSENEIER

Aber auch traditionelle Keramik- oder Textilarbeiten können
schöne und praktische Reiseandenken sein

> Obwohl Diamanten aus Namibia welt-
bekannt sind, gibt es sie im rohen Zustand dort nicht zu kaufen. Halbedelsteine und Mineralien indes sind in großer Auswahl und zu erschwinglichen
Preisen überall erhältlich, mancherorts
aus einer Riesentonne zum Kilopreis,
woanders bereits zum Schmuckstück
verarbeitet. Wunderschön sind auch die
Kreationen aus Tierhorn, die Schmuck-
stücken aus Elfenbein bis ins Detail ähneln. Eine gute Gelegenheit, an Halbedelsteine zu kommen, finden Sie bei
den vielen Straßenhändlern im Bergbau-
städtchen Uis.

DIAMANTEN

90 Prozent aller Schmuckdiamanten
weltweit stammen aus Namibia. Sie
werden vom Meeresgrund gewonnen,
denn die Vorkommen an Land sind nahezu komplett abgebaut. Dafür ist die
Offshoregewinnung umso ertragreicher,
da die im Meer gewonnenen Diamanten
größer sind und unglaubliche 95 Prozent
der so geförderten Steine Schmuckqua-
lität besitzen. Das ergibt Rekordsummen
von 321 US-Dollar pro Karat! Die Bear-
beitung erfolgt zum größten Teil in Über-
see, beispielsweise in Amsterdam, erst
danach finden „girls best friends" ihren
Weg zurück nach Namibia, größtenteils
nach Windhoek und nach Swakopmund.
Dort werden sie in goldene oder silberne
Schmuckstücke eingearbeitet – ein
Handwerk, das bis vor einigen Jahren
noch in einer meist konservativen Art
Ausdruck fand. Mittlerweile aber rühmen
auch namibische Schmuckdesigner sich
internationaler Ehren. Damit sind allerdings auch die Zeiten vorbei, in denen es
deutlich preiswerter war, in Namibia
statt in Europa eine diamantenbestückte
Preziose zu erwerben.

KUNSTHANDWERK

En vogue sind zauberhafte Interieur-
Ideen aus Straußeneiern oder kombinier-
tem Glas und Silber: Gläser, Servietten-

> EINKAUFEN

ringe, Bestecke, Spiegel, Lampen, Salz- und Pfefferstreuer, Salatbestecke etc. – alles, was man sich für eine ungewöhnliche Inneneinrichtung vorstellen kann. Aufmerksamkeit verdienen auch die aparten Textilarbeiten – Bettwäsche vor allen Dingen! – von Casa Anin. Die Läden von Casa Anin finden Sie sowohl in Windhoek wie auch in Swakopmund. Wandteppiche aus Karakulwolle ergänzen das Bild. Viele Webereien arbeiten auf Bestellung. So ist es möglich, eigene Entwürfe umsetzen zu lassen. Das gilt auch für die Designs individueller Bett- und Tischwäsche, ganz im eigenwilligen Stil traditioneller Nama-Stickereien, aber gern auch ultramodern und mit allen möglichen für Namibia typischen Details versehen. Die Farbauswahl können Sie selbst treffen. Diese ungewöhnlichen Offerten sind das Markenzeichen der Jema-Werkstätten, die natürlich auch ihre selbst gestalteten Produkte anbie-

ten: Bettwäschen, Stoffe und auch Keramiken.

▶ LEDER

Die Pelz- und Lederverarbeitung hat in Namibia Tradition. Es werden hauptsächlich Produkte aus *Swakara* (*South-west-Afrikan-Karakulschafe*) angeboten. Swakara wird aus den Fellen zwei Tage alter Lämmer genäht und ist nichts anderes als Persianer. Außerdem gehören die Felle von Rotkatzen und Schabrackenschakalen sowie Straußenleder in die Haute Couture Namibias. Das Washingtoner Artenschutzabkommen verbietet die Einfuhr von Fellen gefleckter Raubkatzen, von Säbelantilopen und Zebras und Häuten von Nashörnern, Elefanten und Elfenbein nach Europa. Die Häute für die Accessoires aus Krokodil- und Straußenleder müssen aus einer Zucht stammen. Alle in Namibia offiziell angebotenen Waren dieser Art können Sie ausführen; dazu werden jedoch Dokumente benötigt, die seriöse Händler Ihnen beim Kauf automatisch ausstellen.

> HAUPTSTADT IN UNENDLICHER WEITE

Die Größe Zentralnamibias fasziniert,
die Beschaulichkeit Windhoeks verblüfft

> Die Ortschaften zwischen Outjo im Norden und Maltahöhe im Süden sind winzig, die Straßen *(pads)* führen durch eine karstig-braune, hügelige Landschaft.

Die südlich von Outjo vorherrschende Baum- und Strauchsavanne wird etwa auf der Höhe von Okahandja von Bergsavanne abgelöst, um schließlich südlich von Rehoboth in eine riesige Dornbuschsavanne überzugehen. Wer von Windhoek 87 km Richtung Süden fährt, kreuzt den *Tropic of Capricorn,* den Wendekreis des Steinbocks, und verlässt damit auf der Höhe von Rehoboth die Tropen.

MALTAHÖHE

[125 E6] Den kleinen Ort (2000 Ew.) erreichen Sie über die C 19, die bei Mariental, 110 km östlich, von der B 1, Namibias wichtigster Nord-Süd-Verbindung, abzweigt. Treffpunkt aller Farmer aus

Bild: Windhoek, Independence Avenue

ZENTRAL NAMIBIA

der Umgebung, die zu Post oder Bank müssen, ist die Bar des gleichnamigen Hotels, des einzigen am Platz.

ESSEN & TRINKEN ÜBERNACHTEN
MALTAHÖHE
Traditionshotel mit sehr einfachen Zimmern, deutsche Leitung. *24 Zi. | P. O. Box 20 | Tel. 063/29 30 13 | Fax 29 31 33 | €*

LA VALLÉE TRANQUILLE
Geschmackvolles Haus, französische Gastgeberin; Abendessen inklusive. 60 km südlich, an der C 14 Richtung Helmeringhausen. *12 Zi. | Tel./Fax 063/29 35 08 | www.lavalleetran quille.com | €€*

AUSKUNFT
VILLAGE COUNCIL
Main Street | P. O. Box 98 | Tel. 063/ 29 30 48 | Fax 29 30 74

MALTAHÖHE

> ZIELE IN DER UMGEBUNG ■

DUWISIB CASTLE [125 D6]

Etwa 70 km südwestlich von Maltahöhe an der D 826 liegt Duwisib
Castle, ein „Farmhaus" in Gestalt einer Festung. Hansheinrich von Wolf,
Offizier der deutschen Schutztruppe,
und seine amerikanische Frau ließen
die zinnenbewehrte Burg mitten in

TIRASBERGE [127 F2] Insi-Tip

Touristisch noch nicht erschlossen,
wird diese grandiose, ruhige Landschaft 150 km südlich zum absoluten
Highlight für Naturfreunde, Wanderer und Ruhesuchende. Aus der Weite
der Namib erheben sich die Tirasberge majestätisch über die flache
Ebene. Wer das Granitmassiv mit sei-

Die Woodcarver Markets in Okahandja sind bekannt für ihre riesigen Holzarbeiten

der afrikanische Einöde errichten.
Architekten war der Berliner Wil-
helm Sander. Er baute mit Material
aus Deutschland auf 900 m^2 Wohn-
fläche 22 Zimmer. Wolf fiel 1916 im
Ersten Weltkrieg, seine Frau kehrte
in die USA zurück und starb 1964,
ohne jemals Besitzansprüche auf ihr
Schloss in der namibischen Dornbuschsavanne erhoben zu haben.
Heute gehört es dem Staat.

nen teilweise bizarren Felsformatio-
nen erwandert, wird unglaubliche
Ausblicke genießen können. Doch
sind es nicht nur solche Erfahrungen,
die das „Erlebnis Tiras" zu einem besonderen werden lassen, es gilt auch
die ungewöhnliche Flora mit Köcherbäumen oder Sukkulenten und die
Felsmalereien der Bushmen zu entdecken. Ihren Gästen diese vielen
Geheimnisse in einer unvergleichlich

> *www.marcopolo.de/namibia*

lebendigen Art nahe zu bringen, ist die Passion von Anitai (Daudi) Koch, die mit ihrem Mann Klaus-Peter die *Farm Tiras* an der C 13 zwischen Helmeringhausen und Aus bewirtschaftet. So stellt man sich eine Gästefarm im originären Sinn vor: intakter Farmbetrieb mit Rinderzucht, nur drei Gästezimmer, ein zuvorkommend angelegter Campingplatz, Familienanschluss und das Gefühl, willkommener, nicht ausschließlich zahlender Gast zu sein. Abendessen ist im Preis inbegriffen. *3 Zi., 2 weitere Zi. (€)* auf dem ☆ Campingplatz auf der anderen Seite der Straße mit herrlichem Blick bis über den Horizont. *Tel. 063/68 30 48 | Mobiltel. 081 261 51 56 | Buchungen über Kidogo Safaris Tel. 061/24 38 27 | Fax 25 92 86 | www.kidogo-safaris. com | €€–€€€*

OKAHANDJA

[125 E2] Das Verwaltungszentrum der Herero, denen dieser Ort wegen der Gräber ihrer ehemaligen Führer heilig ist, hat viele Geschäfte, sodass Sie hier bequem die Vorräte aufstocken können. Die Herero-Gedenkfeiern im August sind Massenaufläufe. Die Gräber befinden sich hinter der Kirche der Rheinischen Mission auf einem Feld, an dem der Pfad zum Tennisplatz vorbeiführt. Auch der legendäre Orlaam-Führer Jan Jonker Afrikaner liegt hier begraben, jedoch auf der anderen Straßenseite. Rinderschädel schmücken die Grabstätten. Seit 1894 war Okahandja militärischer Stützpunkt, im alten Fort befindet sich heute die Polizeistation. An den Rastplätzen in der Umgebung von Okahandja werden Reisende in letzter Zeit leider immer häufiger Opfer von schweren Raubüberfällen, und auf den Parkplätzen der Holzschnitzermärkte sind unbewachte Autos nicht mehr sicher. Bitte verhalten Sie sich entsprechend vor- und umsichtig!

■ SEHENSWERTES

THE WOODCARVER MARKETS ★

An ihnen kommt man nicht vorbei, schon der Lage wegen. Wer durch Okahandja fährt, und das tun alle, die nach Swakopmund oder in die Etosha wollen, sieht die riesigen Holzskulpturen schon von weitem entlang der Straße aufgereiht. Der Phantasie sind keine Grenzen gesetzt: Alles, was sich schnitzend darstellen lässt, von Köpfen über Figuren bis hin zur kompletten Fauna des

MARCO POLO HIGHLIGHTS

★ **Independence Avenue**
Die breite Hauptgeschäftsstraße von Windhoek (Seite 40)

★ **Alte Feste/State Museum**
Historische Sammlung im ältesten Bauwerk von Windhoek (Seite 39)

★ **The Woodcarver Markets**
Was das Herz begehrt – in Holz und handgeschnitzt (Seite 33)

★ **Waterberg**
Flacher Tafelberg mit ungewöhnlich üppiger Flora (Seite 36)

Landes, ist hier in allen Größen vertreten. Die Auswahl ist unglaublich, und die Künstler im Hintergrund schaffen ständig Nachschub. Handeln ist ein Muss, Nachdenken aber auch. Denn die Riesenskulpturen wiegen immer mehr als die im Flugzeug genehmigten 20 oder 30 kg! *Tgl. 8–18 Uhr*

Traditionelle Kopfbedeckung der Herero

ESSEN & TRINKEN ÜBERNACHTEN

FARM OKOMITUNDU [125 D2]

Die 160 km² große Farm gehört zu den ältesten des Landes. Um die Gäste kümmert man sich in auserlesen afrikanischer Manier. Zwei beheizte Pools, eine kleine Sternwarte, Reiten und Ausfahrten über die Farm ergänzen das exquisite Verwöhnprogramm. *10 Zi. | P. O. Box 285 | Okahandja | Tel. 062/50 39 01 | www.oko mitundu.com | €€€*

OTJISAZU GUESTFARM [125 E2]

Insider Tipp

Eine sehr attraktive Gästefarm mit Reiten, Wildbeobachtungsfahrten, nächtlichen Exkursionen im Programm. Schöner Pool, exzellente Wildküche. *14 Zi. | P.O. Box 1505 | Okahandja | Tel. 062/50 12 59 | Fax 50 13 23 | www.otjisazu.com | €€*

SYLVANETTE B & B

Komfortable Ausstattung, Küche für Selbstversorger, Pool, herzliche Atmosphäre. *311, Hoogenhout Street | Tel. 062/50 55 50 | www.sylvanette. com | €*

AUSKUNFT

STADTVERWALTUNG

Visitors Information | Main Street | Tel. 062/50 10 51

ZIELE IN DER UMGEBUNG

GROSS BARMEN [125 E2]

Ruinen künden von einer frommen Vergangenheit: Die Rheinische Missionsgesellschaft hatte hier, 30 km südwestlich von Okahandja, ihren Standort. Ein *Thermalbad* sowie ein *Hallen-* (41 Grad) und *Freibad* (29 Grad) laden zum Plantschen ein *(20 N$ plus 50 N$ pro Platz/Auto).* Angeln, Wassersport und Vogelbeobachtungen am Stausee; Tennisplätze, Kinderspielplatz, Restaurant. *Tgl. 8–18 Uhr | Tel. 062/50 10 91 | www. nwr.com.na | Eintritt 30 N$*

VON BACH RECREATION RESORT [125 E2]

Der Von Bach Dam 30 km südlich von Okahandja staut den Swakop, damit Windhoek Wasser hat. Rings um den See ist ein Naturpark entstanden, in dem viel Wild zu Hause ist. Zu sehen bekommt man die Tiere allerdings selten – dazu sind zu viele Wassersportler, z.B. Wasserskifahrer, auf dem Stausee unterwegs; am Ufer lagern die Sonnenanbeter. Übernachtungen auf der Campsite oder in 2-Bett-Hütten (Wäsche mitbringen und keine Sauberkeit erwarten)! *Tel. 062/50 10 91 | www.nwr.com.na | €*

OUTJO

[119 F5] Der Ort (5000 Ew.) sieht jeden Tag Touristen – sie sind auf der Durchfahrt in den Etosha-Nationalpark. Drei Tankstellen, Supermärkte und Geschäfte profitieren von der Kaufkraft der Durchreisenden. Das Wahrzeichen des Städtchens ist ein alter Windmühlenturm.

SEHENSWERTES

OUTJO-MUSEUM

Im denkmalgeschützten Franke-Haus nahe der Hauptstraße werden die Geschichte der Stadt und die Natur der Region erläutert. *Mo–Fr 10–12 und 14–16 Uhr | Eintritt 5 N$*

ESSEN & TRINKEN ÜBERNACHTEN

EPACHA GAME LODGE & SPA   **[119 F4]**

Luxuslodge mit einem Komfort, der bis vor wenigen Jahren im eher rustikalen Ambiente des Landes noch nicht bekannt war. Hier, in der Umgebung des 270 km^2 großen, privaten Game Reserve, mit Blick über den Rand der Spas in die Weite des Landstrichs, der rotgolden, silbrigweiß und über dem Horizont sogar violett schimmert, definiert sich das „Lebensgefühl Namibia" unerwartet anders. Zum einfachen Übernachten ist Epacha zu teuer und zu ungewöhnlich, darum sollte man sich einfach ein paar Tage Ruhe gönnen. *18 Lodges | P. O. Box 362 | Tel. 067/69 70 74 | Fax 69 70 50 | www.epacha.com | €€€*

ETOSHA GARDEN HOTEL

Bezauberndes kleines Hotel in einem blühenden Garten, entspannte Atmosphäre. Exzellente Wildbretküche mit österreichischem Touch. *20 Zi. | 31, Otavi Steet | Tel. 061/22 55 00 | Fax 22 62 86, www.etosha-garden-hotel.com | €€*

OMBINDA COUNTRY LODGE   **[119 F5]**

Für Reisende mit einer besser ausgestatteten Urlaubskasse nicht mehr so attraktiv, dafür aber für alle anderen. *16 Bungalows | 4 Zi. (3 Pers.) | Abendessen inkl. | Informationen und Buchungen: Elena Travel Services & Car Hire CC | P.O. Box 3127 | Windhoek | Fax 061/24 45 58 |* www.namibweb.com/ombinda.htm *| €*

VREUGDE GUESTFARM   [119 F5]

Nur 30 Minuten vom Anderson Gate des Etosha-Nationalparks entfernt, ist diese gemütliche Lodge von der überwältigenden Gastfreundlichkeit ihrer Besitzer geprägt. Elsie und Danie Brand haben ein Refugium geschaffen, in dem sich die unverfälschte Natur Namibias in allen Facetten wiederfindet. *5 Zi. | P. O. Box 124 | Tel./Fax 067/31 38 60 |* www.vreugde.guestfarm.na *| €*

■ EINKAUFEN ■■■■■■■■

Insider Tipp

OUTJO-BÄCKEREI

Im Norden des Orts, gegenüber der Tankstelle. Hier können Sie delikates deutsches Gebäck, Kuchen und Pizza kaufen, frühstücken und außerdem das Internet nutzen.

■ AUSKUNFT ■■■■■■■■

Stadtverwaltung | Etosha Road | Tel. 067/31 30 13

WATERBERG

[120 B5] ★ Rund 250 km und eine rötlichbraune Savannenlandschaft liegen zwischen Windhoek und dem Waterberg. Er ist, im Gegensatz zu vulkanförmigen Erhebungen im Herero-Land, lang gestreckt und flach, ein Tafelberg mit ungewöhnlich üppiger Flora. Am Waterberg erlitten die Herero 1904 ihre entscheidende Niederlage gegen die deutschen Truppen. Die Herero erhoben sich gegen die Weißen, indem sie Farmerfamilien töteten, doch am Ende erwies sich das deutsche Militär als schlagkräftiger. Tausende Herero wurden getötet, die Überlebenden mit Frauen, Kindern und Viehherden auf Befehl der Deutschen in die östliche Wüstensteppe getrieben, wo die meisten verdursteten. Seit 1972 ist die Waterbergregion Nationalpark. Das Farmland wurde zum Tierparadies. Die Tierpopulation auf dem etwa 50 km langen und 15 km breiten Plateau (1890 m) wurde durch seltene, vom Aussterben bedrohte Arten und durch Wild aus dem sumpfigen, schwer kontrollierbaren Caprivi Strip bereichert. Die Tiere können auf Fußwanderungen oder auf Safaris mit Geländewagen beobachtet werden. Unbegleitete Ausflüge mit dem Privatbzw. Mietwagen sind auf dem Plateau nicht erlaubt.

■ ESSEN & TRINKEN ■ ÜBERNACHTEN

BERNABÉ DE LA BAT WILDLIFE RESORT

Direkt im Waterberg-Plateau-Park; Shop, Restaurant mit gutem Essen und freundlichem Service, Pool, Tankstelle (kein Diesel!). *Bungalows, Zelt-, Stell- und Wohnwagenplätze |* www.nwr.com.na/waterberg.htm *| € – €€€*

WATERBERG WILDERNESS LODGE

Insider Tipp

In der zauberhaft grünen Landschaft des Otjosongombe Valley mit Teichen und Quellen liegt die Lodge in einem blühenden Park – ein seltener Anblick in Namibia. Doch damit

ZENTRALNAMIBIA

nicht genug: unaufdringlicher Komfort, geführte Wanderungen, Küche aus eigenen, frischen Farmprodukten, Pirschfahrt, Abendessen inklusive, Campingplatz mit Pool *(€)* und die Möglichkeit, einen der drei Bungalows in der  *Waterberg Plateau Lodge* zu beziehen – mit unbe-

na/waterberg.htm). Einen 50-km-Wanderweg darf man auch allein erwandern, andere, kürzere Wege ebenso. Am Parkeingang ist eine Karte erhältlich, die Wege sind ausgeschildert. Schön und nur 30 Minuten lang ist der *Mountain View,* ein Kletterpfad zum Plateau.

Einige Strecken im Waterberg-Park können Sie auch individuell erwandern

schreiblichen Aussichten. *9 Zi. | P. O. Box 767 | Otjiwarongo | Tel. 067/ 68 70 18 | Fax 68 70 20 | www.wa terberg-wilderness.com | €€*

◼ FREIZEIT & SPORT

WANDERN

Von April bis November finden an jedem zweiten, dritten und vierten Wochenende im Monat dreitägige geführte Gruppenwanderungen im Waterberg-Nationalpark statt *(frühzeitige Buchungen: www.nwr.com.*

◼ AUSKUNFT

Rezeption des *Bernabé de la Bat Wildlife Resort*

◼ ZIEL IN DER UMGEBUNG

OTJIWARONGO   [120 A5]

Der Name bedeutet „Dort, wo das Rind fett ist." Die etwa 50 km entfernte Stadt, wichtiges Zentrum der Farmer Community, hat für Touristen nur eine Attraktion: die *Crocodile Ranch,* nahe beim Campingplatz. Die Haut der hier gezüchteten Krokodile wird zu Leder verarbeitet. Die Zucht-bedingungen entsprechen internationalen Standards, der Export der Produkte ist legal. *Zingel Street | Mo–Fr 9–16, Sa/So 10–13 Uhr.* Gepflegt übernachten können Sie in der neuen *Out of Africa Town Lodge (Long Street | P. O. Box 182 | Tel. 067/ 30 22 30 | www.out-of-afrika.com | €)* oder in der *Frans Indongo Lodge (20 Zi., 6 Bungalows | P. O. Box 1093 | Otjiwarongo | Tel. 067/68 70 12 | Fax 68 70 14 | www.indongolodge. com | €€):* Hier sollten Sie sich unbedingt länger als einen Tag aufhalten, denn hierher kommt man, um die ungewöhnliche Lodge zu genießen. Traditionelle Gebrauchsgegenstände der Ovambo dekorieren das großzügige Ambiente. Die Frans Indongo Lodge ist eine der wenigen in Namibia, die in privater schwarzer Hand sind. Ganz in der Nähe befinden sich die *African Wilderness Trails* und die

Anlagen des *Cheetah Conservation Fund.*

WINDHOEK

 KARTE IN DER HINTEREN UMSCHLAGKLAPPE

[125 E3] Übersichtlich nennen Wohlmeinende die Metropole Namibias (250 000 Ew.). Andere bezeichnen die Stadt, die auf 1600 m Höhe wie verstreut zwischen bewaldeten Hügeln in einem weiten Hochtal liegt, als Dorf. Gemütlich, sagen jene, die dem kleinstädtischen Ambiente eine Portion Charme abgewinnen können. Langweilig ist der andere Begriff dafür, und noch drastischer bringt es die Jugend Windhoeks zum Ausdruck: „Windhoek sucks!" Soll heißen: Es ist nichts los in Windhoek.

Was stimmt, denn wenn ab 18 Uhr die Geschäfte geschlossen sind, kommt jegliche Aktivität zum Erliegen. Davon kann allenfalls der Be-

Metropole mit Kleinstadtcharakter: Straßenkreuzung im Stadtinneren

such eines Restaurants ablenken, doch spätestens um 23 Uhr sind auch hier Küche und Bar *off duty*. Die wenigen Kneipen, Bars und Diskotheken lernt man an zwei Abenden kennen, und nur, wenn man Glück mit den Terminen hat, gibt es noch eine Theateraufführung oder ein Konzert im Warehouse.

Die Hauptstadt Namibias ist von allem etwas: europäische Provinz, afrikanische Folklore, Vorzeigemodell einer aufstrebenden, unabhängigen Gesellschaft. Deren Selbstbewusstsein trägt die smarte Generation der gut ausgebildeten Mittdreißiger in allen Hautfarben durch die Straßen, in die Restaurants, Cafés und Geschäfte. Aufgrund ihrer gestiegenen Ansprüche boomen Handel und Wandel in Windhoek – wie sich unter anderem in den zahlreichen neuen oder ausgebauten Shopping Malls und im erst jüngst etablierten Kulturleben unschwer nachvollziehen lässt. Zwar sind Kultur und Unterhaltung noch immer die Stiefkinder des Fortschritts, doch darf man nach den ersten Anfängen hoffen.

Windhoek ist die Metropole einer aufstrebenden jungen Nation, und ihr unspektakulärer Charakter hat durchaus positive Aspekte. Während in anderen afrikanischen Großstädten Bettler und Obdachlose zum Gesamteindruck gehören, werden Sie in Windhoek nur vereinzelt auf Bedürftige treffen, obwohl 90 Prozent der Stadtbevölkerung im Viertel Katutura in stark unterpriviligierten Zuständen leben. Auch ist die Infrastruktur intakt, wobei sich im Straßenverkehr nun doch chaotische Zustände etablieren, zumindest am Morgen bis 9 und abends ab 16 Uhr. Dennoch: Wohl kaum eine andere Metropole ist übersichtlicher und schneller zu durchqueren als Windhoek. Es gibt allerdings auch negative Seiten: In letzter Zeit kam es in einigen Gegenden vermehrt zu Überfällen. Das betrifft besonders Heinitzburg und die umliegenden Straßen, aber auch von einem Spaziergang auf dem *Hofmeyer Walk* muss man heute in aller Deutlichkeit abraten. Ebenso vom *Lovers Hill* am Wasserturm oder vom Aussichtspunkt an der *Werth Street.* Zwar hat die Polizei Sonderstreifen eingesetzt, doch melden Sie bitte jeden Übergriff unter *Tel. 061/290 31 02.*

■ SEHENSWERTES

ALTE FESTE/
STATE MUSEUM ⭐
Im einstigen Hauptquartier der deutschen Schutztruppe, dem ältesten Bauwerk Windhoeks (1890), sind die Anfänge der Kolonialzeit plastisch anhand von Objekten aus jener Zeit dargestellt, vom Gewehr des Soldaten bis zum Nähkästchen der nachreisenden Gemahlin. *Robert Mugabe Avenue | tgl. 8–17 oder 18 Uhr | Eintritt frei*

BAHNHOF
Die klassisch schöne Fassade des Bahnhofsgebäudes von 1912, wilhelminische Architektur mit Elementen des Jugendstils, versetzt die Betrachter in deutsche Kolonialzeiten zurück. Doch ist Windhoek Station auch heute noch der wichtigste Schienenverkehrsknotenpunkt Namibias. *Bahnhof Street*

WINDHOEK

Die Christuskirche ist eines der Wahrzeichen von Windhoek

CHRISTUSKIRCHE

Auf einem Hügel mitten in der Stadt (Robert Mugabe Avenue) thront die neoromanische Kirche aus dem Jahr 1910. Aber auch Jugendstil- und gotische Architekturelemente gehören zum Bild des evangelisch-lutherischen Gotteshauses. Sehenswert sind besonders das Innere, das Altarbild an der Seitenempore, die gemalten Fenster und das Säulenportal zum Ausgang. Den Schlüssel für die Besichtigung erhalten Sie im *Gemeindebüro (12, Fidel Castro Street | Tel. 061/22 42 54).*

INDEPENDENCE AVENUE ⭐

Die ehemalige Kaiserstraße ist das Herz Windhoeks. Schnurgerade führt sie vom Ausspannplatz durch die Stadt und mündet in der Ausfallstraße Richtung Norden. So breit, dass einst neunspännige Ochsengespanne in ihr wenden konnten, ist sie von Hochhäusern und jenen historischen Gebäuden gesäumt, die so sehr an deutsches Ambiente erinnern. Sämtliche wichtigen Büros und Geschäfte sind hier zu finden.

KATUTURA COMMUNITY ART CENTRE AND SCHOOLNET NAMIBIA

Das Kulturzentrum der einheimischen Bevölkerung und Zentrum des neuen kulturellen Selbstbewusstseins. Angeschlossen ist das *John Muafangajo Art Centre.* John Muafangajos Kunst wurde schon während der Apartheid in internationalen Galerien gehandelt, die schwarzweißen Linolschnitte des Künstlers haben die neue Künstlergeneration nachhaltig beeinflusst. Muafangajo starb schon 1987, sein künstlerisches Erbe wird in der modernen Kunst des südlichen Afrika als richtungweisend bezeichnet. *Auala Street | Mo–Fr 8–17 Uhr | Eintritt fre*i

NATIONAL ART GALLERY

Hier werden die besten zeitgenössischen namibischen Künstler mit

Werkschauen vorgestellt. Zu Vernissagen kreuzt die gesamte Kunstszene auf. *John Meinert/Robert Mugabe Street | Di–Fr 9–17, Sa 9–14 Uhr | Eintritt frei*

OWELA MUSEUM

Das Haus ist ganz den Kulturen der San, der Herero, der Nama, der Damara und Ovambo gewidmet und befasst sich außerdem mit Fauna und Geologie Namibias. *Robert Mugabe Avenue | Mo–Fr 9–17, Sa/So 10–13 und 14–17 Uhr | Eintritt frei*

REITERDENKMAL

Genau gegenüber der Kirche steht das auch „Reiter von Südwest" genannte Denkmal. Seit der Unabhängigkeit ist es Gegenstand heftiger Diskussionen, da auf einer Gedenktafel nur die 1749 Namen der während des Heroraufstands gefallenen deutschen Soldaten genannt werden, obwohl auf Seiten der Herero ungleich mehr Opfer zu beklagen waren. *Robert Mugabe Avenue*

STATE HOUSE

Aufgrund seiner Gigantonomie und angesichts solch kitschigen Beiwerks wie ausgestopfte Wildtiere im Park oder wild verschnörkelte Zaunelemente ist das neue State House eher eine ästhetische Zumutung, doch hat es der ehemalige Präsident so gewollt, und der neue kann daran nichts ändern.

TINTENPALAST

Der heutige Sitz der Nationalversammlung war einst Verwaltungszentrum der Kolonie. Die Bezeichnung Tintenpalast, leitet sich her vom hohen Aufwand der Kolonialverwaltung, sprich deren enormem Tintenverbrauch. *Robert Mugabe Avenue*

TRANS NAMIB TRANSPORT MUSEUM

Vor dem Eingang steht eine sauber geputzte, glänzende Schmalspurlokomotive aus 1903. Im Innern des Bahnhofs wird die Eroberung des Landes auf dem Schienenstrang dargestellt. *Bahnhof Street | erster Stock | Mo–Fr 10–13 und 14–17 Uhr | Eintritt 5 N$*

TURNHALLE

Nichts hat sich an der Turnhalle von 1909 verändert, seit hier 1975 die Turnhallenkonferenz stattfand. In ihr wurde unter Schirmherrschaft Südafrikas der Verfassungsentwurf für die Unabhängigkeit Namibias verhandelt; heute, nach umfassender Renovierung, Gerichtshof der SADC. *Bahnhof Street*

WAREHOUSE THEATRE ▶▶

Insider Tipp

Einst eine Bierbrauerei, ist das Fabrikgebäude einer der kulturellen Mittelpunkte Windhoeks – und damit Namibias. Wobei man sich jetzt nicht vorstellen darf, dass in dem Zentrum *off theatre* oder wilde Musik gemacht werden, doch für namibische Verhältnisse tobt hier oft genug der Bär. Bestandteil des Warehouse Theatre ist die *Namibia Music Factory,* daran beteiligt sind mit ihren Aktivitäten auch Radio 99 und das *National Theatre of Namibia (NTN).* Das *Craft Centre* nebenan besteht aus kleinen Läden mit Kunsthandwerk, Mode und Schmuck, witzigem bis anspruchsvollem Interieur, einem Fitnesscenter, einer Disko und dem schicken *Craft Café* mit selbst gebackenen Kuchen, frisch gepressten Säften und tollen Salaten.

■ ESSEN & TRINKEN ■

Insider Tipp

AFRICA ▶▶
In dem traditionellen afrikanischen Restaurant in der Alten Feste können Sie original kenianisch, ghanaisch,

Wohlfühlambiente auf der Terrasse mit Blick auf das bunte Treiben in der Independence Avenue. *Tel. 061/ 22 88 53 | kein Ruhetag | €–€€*

JOE'S BEERHOUSE
Die Atmosphäre ist die eines Old Inn, mit Jagdtrophäen und Antiquitäten. Joe's ist eine Bar, aber der Braai von

Kneipe mit Atmosphäre: In Joe's Beerhouse gibt es mehr als nur Bier

kamerunisch und natürlich auch namibisch essen. Das macht Spaß und ist gut für das Wohlbefinden, denn hierher bringt man am besten viel Zeit mit, stellt sich also ganz auf afrikanische Lebensart ein. *Tel. 061/ 24 71 78 | kein Ruhetag | €*

GATHEMANN RESTAURANT
Einladendes Ambiente, delikate Menüs, auch zum Lunch, perfektes

Wild ist exzellent und die Auswahl der Biere grandios. *160, Nelson Mandela Avenue | Tel. 061/23 24 57 | www.joesbeerhouse.com | kein Ruhetag | €€*

LEO'S AT THE CASTLE
Ohne Frage und mit gutem Grund die beste Adresse der Stadt. *Hotel Heinitzburg | Tel. 061/24 95 97 | kein Ruhetag | €€€*

■ EINKAUFEN

Wer in den zahlreichen Läden entlang der Independence Avenue und in ihren Parallel- und Seitenstraßen nicht fündig wird, hat sich in den Juweliergeschäften, auf den Märkten, in den Boutiquen, den Shopping Malls, den Kunstgewerbe- und Antiquitätenläden, den Buchgeschäften und Einrichtungshäusern nicht richtig umgeschaut.

BUSHMAN ART AND AFRICAN MUSEUM

In dem von außen unscheinbaren Geschäft wird die umfangreichste und geschmackvollste Kollektion afrikanischer Kunst – Masken, Stoffe, Kunsthandwerk, Schmuck – angeboten. *187, Independence Avenue*

KATHARINA KARL

Hinreißende Lederbekleidung plus Accessoires finden Sie bei Katharina Karl. *Independence Avenue, gegenüber dem Parkplatz | www.katharina-karl.com*

NAMIBIA CRAFT CENTRE

Ein Muss beim Einkauf der Souvenirs. Lederarbeiten, Gewebtes, Schnitzereien, Stickereien, Keramik, Stoffmalereien und Egg Art. Einige der Künstler lassen sich über die Schulter schauen, ein Großteil ihrer Werke ist in der angeschlossenen Omba-Galerie ausgestellt. *40, Tal Street | im Warehouse*

POST STREET MALL UND LEVINSON ARCADE

Beide Straßen führen parallel von der Indenpendence Avenue Richtung Wernhill Shopping Centre. Hier trifft sich die afrikanische Kunsthand-

werksszene. An den phantasievoll hergerichteten Ständen ist auch so manches Unikat zu entdecken. Handeln ist üblich. Am Meteoritenbrunnen sind Bruchstücke eines 600 Mio. Jahre alten Meteoriten zu einem Kunstwerk angeordnet. In der Levinson Arcade scharen sich die „Guinea Fowls", die wohl berühmteste Plastik der bekannten namibischen Künstlerin Dörte Berner. Und im *Café Schneider* trifft man sich zu Kuchen nach gut deutschen Rezepten.

■ ÜBERNACHTEN

AMANI LODGE

20 km südwestlich von Windhoek gelegen, lohnt sich der Weg aus der Stadt in diese friedliche Welt auf 2150 m Höhe. Mit kleiner Sternwarte und einer Pflegestation für Cheetah- und Leopardenwaisen. *8 Chalets | Tel. 061/23 95 64 | www.amani-lodge-namibia.com | €€*

HOTEL HEINITZBURG

1996 eröffnetes, modernes Hotel in alter Hülle, das beste Haus am Platz. Die 17 Zimmer der historischen Burg sind edel und luxuriös. Von der ✻ Terrasse hat man den besten Blick über die Stadt. Und die *sundowner* hier oben sind das romantischste, was Windhoek zu bieten hat. *22, Heinitzburg Street | P. O. Box 458 | Tel. 061/24 95 97 | Fax 24 95 98 | www.heinitzburg.com | €€€*

ROOF OF AFRICA HOTEL & TRAVEL CENTRE

Vom Niveau einer komfortablen Low-Budget-Lodge zum attraktiven Hotel mit Lodgecharakter und Konferenzcenter avanciert, ohne die entspannte Atmosphäre einzubüßen. Sehr gastfreundlich, auch 3-Bett- und Familienzimmer. *26 Zi. | 124–126, Nelson Mandela Avenue | Tel. 061/ 25 47 08 | Fax 24 80 48 | www.roofof africa.com | €–€€*

VILLA VERDI
Die Kunst der gehobenen Lebensart wird in dieser bezaubernden Villa im italienischen Stil zur Vollendung gebracht. *15 Zi. | 3 Apartments | 4, Verdi Street | Tel. 061/22 19 94 | Fax 22 25 74 | www.villa-verdi.com | €€*

■ AM ABEND
EL CUBANO
Provokative Dekoration, heiße Rhythmen, kubanisches Lebensgefühl. *Sam Nujoma Drive/Tal Street*

LA DEE D'AS ▶▶
Zurzeit die In-Disko, auch Livemusik, gemischtes Publikum, sicheres Parken. *Ferry Street, Southern Industrial Area*

CLUB THRILLER
Schon seit Jahren Szenelokal in Katutura, strenge Sicherheitskontrollen, relaxte Atmosphäre, gemischtes Publikum.

■ AUSKUNFT
NAMIBIA INFORMATION CENTRE
Independence Avenue | Private Bag 13346 | Tel. 061/284 23 60 | Fax 284 23 64 | www.tourism.com.na

■ ZIELE IN DER UMGEBUNG
GOCHEGANAS NATURE RESERVE & WELLNESS VILLAGE   [125 E3]
Mit diesem „Wohlfühldorf", einer exquisiten Anlage vor den Toren Windhoeks, die auf 58 km^2 Bergland zwischen Trockenflüssen und Savanne der Natur angepasst und mit Leidenschaft für Ästhetik und Schönheit gebaut wurde, erfährt Namibia die konsequente Fortsetzung einer hier noch neuen Art des Tourismus im Wellness- und Luxusbereich. *16 Chalets, 6 Suiten, 10 Zi. | P. O. Box 40770 | Windhoek | Tel. 061/22 49 09 | Fax 22 49 24 | www. gocheganas.com | €€€*

KATUTURA   [125 E3]

Es ist ratsam, den Besuch des Townships nördlich der Stadt im Rahmen

❯ BLOGS & PODCASTS
Gute Tagebücher und Files im Internet

❯ *http://blog.zeit.de/namibia* – Weblog mit ausführlichen, fundierten Hintergrundberichten zu allgemeinen und politischen Themen

❯ *www.namibia-facts.de/blog* – neben allgemeinen Themen auch Einträge zu Reise und Tourismus, Sport, Wirtschaft

❯ *www.travelpod.com/travel-blog-country/Namibia/tpod.html* – Videos, Fotos, Podcasts und Reisetagebücher zu Namibia

❯ *www.mefeedia.com/tags/namibia* – Reise- und sozialkritische Themen stehen hier zum Download bereit

Für den Inhalt der Blogs & Podcasts übernimmt die MARCO POLO Redaktion keine Verantwortung.

ZENTRALNAMIBIA

einer geführten Tour zu machen. *Katutura Face to Face Tours (Tel. 061/26 54 46)* sind die idealen Partner für diese Unternehmung. Die Ausflüge in das quirlige Nachtleben des Stadtteils sollte man ausschließlich in schwarzer Begleitung unternehmen, auch da ist Face to Face Tours ideal. Beliebtes Ziel für Touristen ist der Markt, dessen fast 260 Stände ein Gutteil der Faszination Afrika im Angebot haben. Kulturelle Zentrale ist das *Katutura Community Art Centre and Schoolnet Namibia* mit Galerien, Ateliers, Begegnungsräumen und Informationsständen.

KÜNSTLERFARM PEPPERKOREL   [125 F3]

Hier, 110 km südöstlich von Windhoek, lebt die Künstlerfamilie Berner. Dörte ist als Bildhauerin Namibias bekannteste Künstlerin, Volker, ihr Mann, ist ein Genie der Karakulweberei. Er und seine Mitarbeiter fertigen jene faszinierenden Teppiche an, die unter der Bezeichnung „Dorka" firmieren. Sohn Markus ist im Herstellen feinster Lederwaren nicht minder begabt. Stefanie Hümmer, die Tochter, besitzt die angegliederte *Eningu Clayhouse Lodge,* ein aus Lehm gebautes Kleinod. Wer sich dort einmietet, ist willkommen, die Werkstätten der Künstler zu besichtigen. *Eningu Clayhouse Lodge | 8 Zi. | Tel. 062/58 18 80 | Fax 58 15 77 | www.eningu.com.na | €€€*

PENDUKA   [125 E3]

Das Begegnungszentrum liegt am Goreangab Dam, etwa 10 km nordwestlich von Windhoek. Hier arbeiten Frauen und Mädchen in einem holländischen Projekt, dessen handgearbeitete und mit individuellen Motiven bestickte Produkte, wie z. B. Tischdecken, Korbwaren, Servietten und Schmuck, in ganz Namibia bekannt sind. Sie können hier auch übernachten: *6 Rondavels, 6 Hütten | Tel.061/25 72 10 | www.penduka.com | €*

Künstlerwerkstatt der Farm Pepperkorel

REHOBOTH   [125 E4]

Die mit 16 000 Einwohnern groß zu nennende Stadt am Wendekreis des Steinbocks, 87 km von Windhoek entfernt, ist das Zentrum der autonomen *Baster Community.* Die Rehoboth-Baster sind Mischlinge, doch betrachten sie sich nicht als solche, sondern beanspruchen den Status einer eigenen Ethnie. Selbstbewusst und eigensinnig ist auch die Atmosphäre der Stadt – eben anders als in anderen Kleinstädten Namibias. Am Ortsende von Rehoboth sprudeln heiße Quellen, das *Reho Spa* aber ist geschlossen. Ob es wieder eröffnet wird, steht in den Sternen.

> IM LAND DES TROCKENEN WASSERS

Wo der Mensch sich anpassen muss

> Etosha bedeutet „Land des trockenen Wassers" oder „Großer weißer Platz". Doch egal, wie die San oder Nama die Etosha im Nordwesten Namibias nennen, sie sprechen von dem gleichen silberweißen Sand, der die Salzpfanne bis an den Horizont bedeckt und über dem die Hitze in Fata Morganas flirrt.

Während der Trockenperioden wandern riesige Tierherden in die Etosha. Sie sind unterwegs zu den Wasserlöchern, die aus natürlichen Quellen gespeist werden – im Wüstenland Namibia eine Rarität.

Dürre Mischwälder aus Schirmakazien und Büffeldornbüschen beleben das Bild der schier endlosen Flächen. Die Infrastruktur des EtoshaNationalparks ist – bis auf den Westteil – für Selbstfahrer in normalen Autos angelegt. Gegen dieses Naturparadies wirken selbst kleine Städte wie Grootfontein, Tsumeb oder Otavi wie boomende Ansiedlun-

Bild: Etosha National Park

CAPRIVI UND ETOSHA

gen. Hier gibt es Ersatzteile für Auto und Ausrüstung, die Vorräte können aufgefüllt werden, und auch ein Blick ins Internet ist möglich.

In den äußersten Nordosten Namibias, zum Caprivi Strip, kommen nur wenige Touristen. Der Weg dorthin ist beschwerlich, die touristische Infrastruktur mäßig, und das tropische Klima mit feuchtschwüler Luft ist anstrengend. Die meisten Touristen besuchen Caprivi im Rahmen einer Fly-in-Safari, da sie den ermüdenden Landweg scheuen. Obwohl durchgehend geteert, ist die B 8 von Otavi nach Katima Mulilo während der Regenzeit nur für Geländefahrzeuge geeignet.

CAPRIVI STRIP

[122–123 B–F 1–2] ★ **Der Caprivi Strip, der wie ein 460 km langer und 35–90 km breiter Finger im Nordosten Namibias zwi-**

CAPRIVI STRIP

Traditionelle Arbeit im Kraal

schen Angola, Sambia, Simbabwe und Botswana liegt, ist ein politisch-geografisches Kuriosum. Weil Kolonialdeutschland glaubte, mit der Okkupation dieses Gebiets den direkten Zugang zu der anderen Kolonie Tanganjika (Tansania) zu haben, erhandelte der damalige Reichskanzler von Caprivi das Stück Land zwischen Okavango und Zambezi von den Briten. Im Gegenzug für den dann sogenannten Caprivizipfel erhielten die Engländer von den Deutschen Sansibar, Wituland und einen Teil Kolonial-Ugandas. Ironischerweise war das Stück für die hochtrabenden Pläne des Reichskanzlers dann wertlos, denn mit dem Problem, die 110 m hohen Victoria Falls auf dem „Landweg nach Tanganjika"

überwinden zu können, hatte sich keiner der Strategen am grünen Tisch in Berlin beschäftigt. Heute sind große Teile des Caprivi Strip Naturschutzgebiet, und nachdem der seit 1996 etablierte Tourismus mit den Unruhen 1999 für einige Zeit völlig zusammengebrochen war, hat nun eine neue Ära begonnen. Die Vielzahl der neu errichteten (Nobel)-unterkünfte sind Indiz dafür. Was jedoch nicht bedeutet, dass damit auch der Fortschritt Einzug in den Alltag der Bevölkerung gehalten hat. Dichter Busch, Rundhütten, kleine Krals und Frauen, die das Wasser noch immer von den Sammelstellen holen müssen, bestimmen das Bild und prägen damit nach außen hin Szenerien von exotischer Intensität.

Eine wichtige Adresse für Touristen, die mit dem Auto unterwegs sind, ist die *Gabus Garage* (Rundu | **[121 E1]** *Industrielarea | Tel. 066/ 25 56 41 oder 25 56 41 | Mobiltel. 081/124 98 50):* 24-Std.-Abschleppdienst, Bosch-Diagnose, Ersatzteile, Reparaturen. `Insider Tip`

■ SEHENSWERTES ■

KATIMA MULILO   [123 E1]
500 km von Rundu entfernt an den Ufern des Sambesi liegt die östlichste Stadt Namibias – gut zum Aufstocken von Benzin und Lebensmitteln. Das *Caprivi Arts and Cultural Centre* mit ausgefallenem Kunsthandwerk und den Markt finden Sie mitten im Ort.

MUDUMU AND
MAMILI NATIONAL PARK   [123 D1–2]
Dort, wo der Caprivi Strip ein wenig breiter wird, liegen die beiden Natio- `Insider Tip`

nalparks inmitten fast unberührter Sumpfgebiete. Hier ist die zivilisierte Welt zu Ende. Steigen Sie vom Geländewagen in einen *Mokoro* (Einbaum) um: Vom Wasser erschließt sich der Wildreichtum – Büffel, Löwen, Leoparden, Krokodile, Flusspferde –, besonders aber die Artenvielfalt der Vogelwelt, in aller Pracht.

POPA FALLS ★ 🌿   [122 B2]

Unterhalb von Bagani bricht der Okawango durch eine Schicht alter Granite und verliert dabei rund 4 m an Höhe. Dadurch entstehen Stromschnellen: die Popa Falls. Es stehen eine Reihe von Campingplätzen und Camps zur Verfügung, einige mit Bungalows, andere mit fest installierten Zelten oder „Buschhütten"; liebevoll eingerichtet und geführt die einen, in fragwürdigem Zustand die staatlichen Restcamps. Seit 2007 gibt es nun auch noch eine Luxuslodge: Divava Okavango Lodge und Spa. Vorsicht: Im Fluss sind Krokodile!

■ ESSEN & TRINKEN ÜBERNACHTEN

LIANSHULU LODGE   [123 D2]

Im *Mudumu National Park* werden Bootsfahrten auf dem Kwando zu Flusspferdkolonien, Krokodilen und Vögeln angeboten. Im Dorf *Lizauli* können Sie beim Zerstampfen der Hirse und beim Flechten von Schilf und Hartgras zusehen. 5 N\$ pro Person pro Tag gehen in die Entwicklungshilfe für benachbarte Gemeinden. Restaurant, Swimmingpool. *11 Chalets | Standplätze | Buchungen Tel./Fax 061/25 49 80 | www.lian shulu.com.na | €€€*

MAHANGU SAFARI LODGE   [122 B2]

Die Lodge mit Bungalows und Zelten befindet sich zwischen Popa und Mahangu. Eine gut ausgestattete Bar und ein nettes Restaurant gehören dazu. *Tel. 066/25 21 08 | Buchungen Tel. 061/23 43 42 | www.mahangu. com.na | €€*

NAMUSHASHA LODGE   [123 D2]

Die Namushasha Lodge am Ufer des Kwando mit Swimmingpool und Bar liegt mitten im Busch. Sie können hier Tigerfische angeln und 400 Vogelarten, Flusspferde, Antilopen sowie Büffel beobachten. Fortbewegungsmittel ist das Boot. Campingplatz (€) mit viel Schatten. *8 Bungalows, 2 Familienbungalows | P. O. Box 6597, Windhoek | Tel. 061/37 47 50 | Fax 25 65 98 | afri deca@mweb.com.na | €€€*

NGEPI CAMPSITE [122 B2]
Angenehmer Campingplatz, lockere Atmosphäre, viele Aktivitäten, Internetzugang. *Tel. 066/25 99 03 | Fax 25 99 06 | www.ngepicamp.com | €*

SHAMVURA CAMP [122 A2]
Auf einer Düne 130 km östlich von Rundu und 80 km westlich von Di-

Afrikas. 1907 wurde das Wildreservat unter deutscher Kolonialherrschaft unter Naturschutz gestellt. Es darf nur auf den vorgegebenen Routen gefahren werden, das Verlassen der Autos ist untersagt.

Der gesamte Park ist von einem 1700 km langen Zaun umgeben. Die meisten Autopisten verlaufen im

Hoher Besuch am Wasserloch: Elefanten im Etosha National Park

vundu überblickt man von den Bungalows und Zelten den Okavango. *Tel. 066/25 61 79 | Fax 25 82 97 | www.shamvura.com | €€*

ETOSHA

[119–120 D–B 3–4] ★ **Der Etosha National Park (22 300 km²) gehört zu den großen Tierreservaten der Erde und gilt als einer der herausragenden Wildparks**

Südosten des Parks, in der Baumsavannenregion. Der Westen ist hauptsächlich Busch- und Dornsavanne. Mit Zeit und Geduld ist die Gewähr, Tiere zu sehen, recht hoch. Im Ostteil des Parks, in der Gegend von *Namutoni,* gibt es mehrere kleine Pfannen, etwa *Fisher's Pan,* die oft Wasser führen. An ihren Ufern lebt eine artenreiche Vogelpopulation. Die 4600 km² große, bis 129 km lange

Etosha-Pfanne, im östlichen Teil des Parks gelegen [119–120 F–A3], war bis vor etwa 12 Mio. Jahren das Binnendelta des Kunene. Durch eine Flussbettverlagerung trocknete der See aus. Die Fahrt durch den Nationalpark lohnt vor allem in den Wintermonaten (Mai–Sept.), wenn es trocken ist, die Temperatur aber selten über 30 Grad steigt. *Einlassgebühren pro Tag 80 N$ | Auto 10 N$ | Camping 50 N$ pro Pers., Auto extra (100 N$)*

ESSEN & TRINKEN ÜBERNACHTEN

BUSCHBERG GASTEPLAAS [119 F5]
70 km südlich vom Andersson Gate bietet die gastfreundliche Farm einfache, saubere Zimmer. Frühstück und Abendessen aus eigener Farmküche inkl. *5 Zi. | Tel./Fax 067/31 21 43 | Handy 081/279 56 67 | www.busch berg.guestfarm.na | €€. Schattiger, komfortabler Campingplatz | €*

ETOSHA AOBA LODGE [120 B3]
Nur 20 km vom Von Lindequist Gate entfernt, liegt diese angenehme Lodge in der Stille eines dichten Tambutiwalds. Komfortable Zimmer, fröhlicher Service, sehr gute Küche, angenehme Atmosphäre. Keine Kinder unter 12 Jahren! *10 Bungalows | Tel. 067/22 91 00 | Fax 22 91 01 | www.etosha-aoba-lodge.com | €€–€€€*

HALALI, NAMUTONI & OKAUKUEJO LODGES
Die Camps bzw. Bungalowsiedlungen im Etosha National Park. Staatlich geführt, können sie in Ausstattung, Service und Gastlichkeit mit den Offerten der privaten Lodges im Umkreis des Parks nicht konkurrieren. Auch wenn je ein Swimmingpool, ein Restaurant, ein Supermarkt und eine Tankstelle zu den Anlagen gehören sowie eigene Grillplätze zu den Bungalows und Campingplätzen – die Qualitätsschwankungen der Angebote sind zu eklatant, um sich festlegen zu können. Die Highlights von Okaukuejo [119 F4] und Halali [120 A3] sind beleuchtete Wasserlöcher. So muss das Tierebeobachten bei Dunkelheit nicht abgebrochen werden. Die Siedlungen müssen vor Sonnenuntergang erreicht werden und dürfen vor Sonnenaufgang nicht verlassen werden – um die Ruhe für das Wild zu wahren. Die Öffnungszeiten aller Restaurants variieren nach Jahreszeiten. Alle Resorts müssen im Voraus gebucht werden, die Bungalows am Wasserloch von Okaukuejo sind auf Monate hin reserviert. *Zentrale Buchungen: Namibia Wildlife Resorts | Tel. 061/25 72 00 | Fax 22 49 00 | www.nwr.com.na | €–€€*

MUSHARA LODGE [120 B3]
8 km vom Von Lindequist Gate entfernt, ist diese Lodge im Reigen der luxuriösen Anlagen im Umkreis des Nationalparks bodenständig geblieben – dem Angebot aus bogen ausgestatteten Chalets, perfektem Service und guter Küche angemessen; mit Pool. *18 Chalets | 3 Zi. | P. O. Box 1814 | Tsumeb | Tel. 067/22 91 06 | Fax 22 91 07 | www.mushara-lodge. com | €€€*

TREESLEEPER CAMP ▶▶ [120 C3] ^{Insider Tipp}
Näher als auf dieser Campsite kann man dem Busch nicht kommen, denn

das Camp bei *Tsintsabis,* 60 km vom Etosha-Nationalpark entfernt, ist viel mehr als ein Campingplatz. Auch das, und zwar mit allen möglichen Annehmlichkeiten, doch kann man hier selbst sogar zum Treesleeper werden: In sechs Baumplateaus, auf denen es sich unter Netzen vorzüglich schlafen lässt! Betreiber dieses „Abenteuerspielplatzes im Busch" ist die Heikam- und !Kung-San-Gemeinde, die ihre Gäste zudem einlädt, an einigen Aspekten ihres Alltags teilzunehmen. Alle Erträge des Projekts bleiben im Besitz der Gemeinde, bisher wurde eifrig reinvestiert! *Tel./Fax 067/ 22 17 52 | www.treesleeper.org | €*

GROOTFONTEIN

[120 C4] **Jakarandas und Bougainvilleen säumen die Straßen des 1460 m hoch gelegenen Städtchens, das mit 9000 Einwohnern das landwirtschaftliche Zentrum der Umgebung darstellt.** Grootfontein ist der ideale Ausgangspunkt zum Caprivi Strip. In zahlreichen Geschäften können Sie Ausrüstung und Proviant aufstocken.

■ SEHENSWERTES

ALTE FESTE
Exponate aus der deutschen Kolonialzeit, Erinnerungen an die Dorstlandtrekker (ein Trupp früher holländischer Siedler) und die erste Landkarte des südwestlichen Afrikas sind hier zu sehen. *Erikson Street | Di und Fr 16–18, Mi 9–11 Uhr | Eintritt frei*

■ ÜBERNACHTEN

ROY´S REST CAMP [121 D3]
An der B 8 nach Rundu 56 km nördlich liegt diese Gästefarm. Die Cha-

lets sind mal zweistöckig, mal ebenerdig oder mit Souterrain. Auf dem 28 km^2 großen Gelände gibt es Antilopen und Warzenschweine, ein Campingplatz liegt in der Nähe. Pool, Bar und exzellente Küche. *5 Zi. | Tel./Fax 067/24 03 02 | www.swift centre.com/roys | €*

■ ZIELE IN DER UMGEBUNG

HOBA-METEORIT [120 C4]
Der größte bisher gefundene Metallmeteorit der Welt liegt mit seinen 50 t bereits seit ungefähr 80 000 Jahren auf dem Land von Jacobus Hermanus Brits, 30 km westlich von Grootfontein. Erst 1920 entdeckte dieser durch Untersuchungen an dem etwa 300 Mio. Jahre alten *Ysterkopjie* (Eisenkopf oder Eisenfelsen), was er da vor seiner Haustür liegen hat. *Ständig zu besichtigen | Grillplatz auf dem Gelände | Eintritt 10 N$*

TSUMEB

[120 B3] **Wo bis vor kurzem noch 217 verschiedene Arten Halbedelsteine gefördert wurden, ist die Schachtanlage heute stillgelegt.** Tsumeb (15 000 Ew.) war eine reiche Stadt mit gepflegten Straßen und Parks. Der Wohlstand resultierte aus dem Minengeschäft. Was nun wird, weiß man noch nicht.

■ SEHENSWERTES

TSUMEB MUSEUM
Mit der Vielzahl und der akribischen Auswahl seiner Exponate ist es eines der schönsten Museen des Landes. Ausstellungen zu den verschiedenen Ethnien Namibias, zur Kolonialzeit, zur Geologie und zum Bergbau in der Region. *7 Main Street | Mo–Fr 9–12*

*und 15–18, Sa 15–18 Uhr | Eintritt
5 N$*

ESSEN & TRINKEN
ETOSHA CAFÉ & BIERGARTEN
Hier gibt es leckeren Kuchen und
leichte Snacks. Grüner Innenhof,
Souvenirs, Landkarten, schräg-kit-
schige Atmosphäre. *2, Main Street |
So geschl.*

ÜBERNACHTEN
MINEN HOTEL
Hier können Sie zünftig wie zu kolo-
nialen Zeiten, aber modern-bequem
übernachten und essen wie bei Groß-
muttern – oder einfach nur auf der
Terrasse sitzen und das Leben der
weißen Community vor sich ablau-
fen lassen. *50 Zi. | Post Street | Tel.
067/22 10 71 | Fax 22 17 50 | www.
minenhotel.com | €€*

AUSKUNFT
TRAVEL NORTH TOURISM SERVICE
*1551, Omeg Allee | Tel. 067/22 07 28
| traveln@tsunamib.com*

ZIELE IN DER UMGEBUNG
**OMBILI-STIFTUNG/
FARM HEDWIGSLUST** [120 B3]

Insider Tipp

Nachdem 1990 ihr Dienst bei der
südafrikanischen Armee beendet war
– viele der San waren dort als Scouts
tätig – wussten sie nicht, wie sie ihr
Leben zwischen Nomadentum und
verordneter Sesshaftigkeit gestalten
konnten. Auf einen dieser Stämme,
die Heikum, traf die Familie Mais-
Rische, Besitzer der Farm Hedwigslust, 60 km von Tsumeb Richtung
Etosha. Hier boten sie den desorien-
tierten San Heimat an, sodass bis
heute schon zwei Dörfer auf dem Gelände und im Rahmen der Ombili-

Besondere Attraktion: der Hoba-Meteorit westlich von Grootfontein

Stiftung entstanden sind. Ackerbau, Viehzucht und das Herstellen von Kunstgewerbe sind jetzt die Einnahmequellen der Heikum, besichtigen kann man ihren neuen Lebensstil nur

Einige San leben noch traditionell

nach Voranmeldung, *Tel./Fax 067/ 23 00 50 | www.ombili.com.*

ONDJONDJO   [120 B4]

Namibia ist ein Jagdland, auf der Farm Ondjondjo bekennt man sich offen zu diesem Segment im Tourismus, indem man ebenso wie die herkömmliche Jagd das Bogenjagen anbietet. Bei keiner anderen Art des Jagens liegen die Chancen des Wildes höher, dem Erlegen zu entkommen, muss der Jäger sich doch in keiner anderen Situation näher an das Wild heran wagen. Die 78 km² große Jagd- und Rinderfarm liegt 11 km außerhalb von Otavi Richtung Groot-

fontein im 2500 km² großen Ngarangombe-Hegegebiet. Wolfgang Falk, der Gastgeber, ist Meisterjagdführer und ein exzellenter Kenner der namibischen Natur. Seine Frau Juanita bewirtet die Gäste nach guter Farmsitte und bietet neuerdings die in ländlichen Gebieten noch eher unbekannte Gastlichkeit des Bed & Breakfast an (€). *6 Zi. | P. O. Box 1 | Otavi | Tel./Fax 067/23 44 12 | Mobiltel. 081/242 11 46 | www.ondjon djo.iway.na | €€*

OTAVI   [120 B4]

Der winzige Ort ist der dritte im „Kupferdreieck" Otavi, Grootfontein und Tsumeb. Nachdem eine Entwicklung der Ansiedlung lange Jahre verstaubte, zeigt sich nun ein gewisser Schwung von positivem Engagement. So ergeben sich bei Spar im Ort beste Einkaufsmöglichkeiten und in der Werkstatt der Engen Tankstelle nebenan nimmt man sich sämtlichen Basisreparaturen rund um das Auto an. Auf dem ständig expandierenden Terrain der Total-Tankstelle Fourways gegenüber dem Ortseingang hat sich *Fourways Biltong & Meat Supplies* etabliert. Hier werden Rind- und Game Meat und phantastisches Biltong daraus verkauft, was für alle Reisende auf dem Weg in den Norden oder zurück von höchstem Interesse ist. Im ebenfalls dort angesiedelten Bar-Restaurant *Camel Inn* werden Sie mit kalten Getränken, leckeren Snacks und Gerichten vortrefflich bewirtet.

Angenehm aufgehoben fühlt man sich auf der 8 km entfernten *Gabus Game Ranch.* Dies ist eine Gästefarm mit dem Charme urdeutsch-namibischer Gastfreundschaft. Die Gastgeber sind unprätentiös und verwöhnen mit feiner Küche, erklären das Land und bringen auf Ausflügen die Wildnis in der Umgebung mit ihren zahlreichen Tierarten nah. Die Farm ist „kindersicher", und um die kleinen Gäste wird sich ohne viel Aufhebens bemüht. Ein Wasserloch für Tierbeobachtungen befindet sich auf dem Gelände, auch ein Swimmingpool ist vorhanden. Ausgewählte Tourangebote, u. a. zu den Tropfsteinhöhlen, zur Weinprobe auf die Farm Thonningii und mehr. *7 Zi. | Tel. 067/ 23 42 91 | Fax 23 42 90 | www.na tron.net/tour/gabus | €€€*

OTJIKOTO LAKE [120 B3]

Das, was heute als glasklarer See, 16 km nordwestlich von Tsumeb, an der B 1 zu besichtigen ist, war einst eine unterirdische Karsthöhle. Die stürzte ein und schuf so den See, in dessen Tiefen eine Einheit der deutschen Schutztruppen ihre Waffen und Munition versenkte. Mit Tierpark und Kiosk. *Tgl. 9–18 Uhr | Eintritt 5 N$*

FARM THONNINGII & THONNINGII WYNKELDER ★ [120 B4]

Diese wunderbare Angelegenheit ist in vielerlei Hinsicht eine Rarität in Namibia. Da ist zunächst die Tatsache, dass der Arzt von Otavi, Bert Boshoff im Otavi Valley Wein anbaut, Shiraz, um genau zu sein. Und das mit außergewöhnlichem Erfolg, wie man anlässlich einer individuell organisierten Weinprobe intensiv erleben kann. Diese gerät unwillkürlich zu einem sagenhaften Ereignis und das nicht nur des Weins wegen. Da

ist dieses kleine, ==bezaubernd rustikale Restaurant== auf der Farm, dekoriert mit Unikaten aus der Töpferwerkstatt von Ebbie Boshoff und ausgestattet mit den handgefertigten Dolfholzmöbeln von Bruder Dave Boshoff. Die Weinprobe nimmt ihren Fortgang mit einem Menü, das von Ebbie Boshoff aus eigenen Farmprodukten zubereitet wurde. Es übertrifft wahrscheinlich alles, was Ihnen in Namibia an Kochkunst, an Weingenuss und unverfälschter Gastlichkeit je begegnet ist *(P. O. Box 101 | Otavi | Mobiltel. 081/217 04 06 | Fax 067/23 40 30 | docotavi@iway.na).* Sollten alle Versuche, Kontakt aufzunehmen, scheitern: Im Supermarkt *Otavi Spar,* mitten im Ort, nehmen die Besitzer alle Nachrichten für die Familie Boshoff gern entgegen *(Tel. 067/23 41 41).*

Insider Tipp

> LOW BUDGET

> **Mousebird Backpackers & Safaris CC:** Ansprechendes Gästehaus, kleiner Campingplatz mit Zelten und Safariveranstalter – keine herkömmlichen, dafür voller Abenteuer und für gewöhnlich nicht da, wo alle hinfahren. *4th Street | Tel. 067/22 17 77 | Fax 22 17 78 | www.mousebird.com | 12 Zi. bzw. Zelte | €*

> **Treesleeper Camp:** In diesem Camp einer San-Gemeinde bei Tsintsabis, 60 km vom Etosha Nationalpark entfernt, ist man auch auf Backpacker eingestellt, so kann der, der keine Campingausrüstung dabei hat, sie vor Ort für 70 N$ mieten. *Tel./Fax 067/22 17 52 | www.treesleeper. org | €*

> UNHEIMLICHE LANDSCHAFTEN
Käfer im Handstand, karstige Dünen an der Küste
und Kunst am Fels

> In der Mitte und im Norden des west-
lichen Rands von Namibia leben Meer und
Wüste – mitsamt dazugehöriger Fauna –
in archaischer Koexistenz.

Der Benguelastrom, der aus den Tiefen der Antarktis seine eiskalten
Feuchtmassen von Süden nach Norden an der Küste vorbeiwälzt, ver-
hindert, dass Regen vom Meer in
Richtung Land zieht. Stattdessen lebt
die 100–150 km breite Wüste vom
Nebel, der täglich heranzieht und da-

mit den zahlreichen Pflanzenarten
und Tierpopulationen die Existenz
ermöglicht.

Noch heute verspüren Reisende an
der Skelettküste die Einsamkeit Afrikas. Jahrhundertelang war sie der
Schrecken seefahrender Nationen,
deren Territorialgelüste nicht selten
von schweren Stürmen, unkalkulierbaren Strömungen und Havarien im
Nebel vereitelt wurden. Zahlreiche
Wracks liegen auf dem Meeresgrund,

Bild: Kaokoveld, Epupa Falls

NÖRDLICHE NAMIB

manche Schiffsveteranen ragen aus den Brandungswellen. Eine wirkliche Chance hatten die Gestrandeten nicht: da die Wasserwüste, hier das Sandmeer, beide unerbittlich, das bedeutete oft den sicheren Tod.

KAOKOVELD

[118 A–B 1–3] Das nördlich von Sesfontein gelegene, 50 000 km² große Gebiet hat von allen Landschaften etwas: den Kunene-Fluss im Norden, das Damara-Land im Süden, die Namib-Wüste im Westen. Ovamboland begrenzt die Region im Osten. Die Frauen tragen Lendenschurze. Ihre Körper sind mit einer rostroten Paste bestrichen und mit prächtigen Schmuckutensilien behangen. Ihre Haare haben sie geflochten wie die Männer, die traditionell Ziegenfelle tragen. Die Ovahimba stecken noch fest in den Gebräuchen ihrer Vorfahren, doch das Naturvolk kämpft, zerrissen zwischen Tradition und dem Hereindrängen des Fortschritts, um sein Überleben. Der Anblick der allmählich an den Folgen des Alkoholismus und den Folgekrankheiten von Prostitution – Aids, Hepatitis, Syphilis – dahinsterbenden Himba schockiert. Die Landschaft, besonders aber die Menschen werden immer wieder zu Objekten von Distanz- und Respektlosigkeit. Eindeutige Fotografien, peinliche Werbespots und Südafrikaner im Allradfahrzeug-Fieber, die rücksichtslos neue Breschen in das Land fahren. Vor diesem Hintergrund soll sich niemand wundern, wenn aus gelegentlichen Bitten der Himba längst schon Forderungen geworden sind, die, wenn sie nicht erfüllt werden, in dreister Selbstbedienungsmanier aus offenen Autos oder lässig umgehängten Taschen und Rucksäcken befriedigt werden.

Die Anreise mit dem Flugzeug im Rahmen einer Fly-in-Safari ist weniger anstrengend und zeitaufwendig als die Fahrt mit dem Jeep, die von Khorixas aus über die Piste C 39

Himbafrauen mit ihren Kindern im Kaokoveld

führt. Von dort zweigt rechts die Piste 2620 ab, auf der Sie die *Palmwag Lodge* **[118 C5]** | *Tel. 064/40 44 59* | *Fax 40 46 64* | *www.palmwag.com. na* | €€, am Unjab-Rivier erreichen.

Weiter auf der C 43 und Richtung Sesfontein, passiert man die *Khowarib-Schlucht* **[118 C4]**. Hier ist ein weiteres NACOBTA-Projekt angesiedelt: das *Anmire Traditional Village,* eine traditionell-moderne Da-

> *www.marcopolo.de/namibia*

mara-Siedlung *(April–Nov. Mo–Sa 8–17 Uhr | Eintritt 25 N$).*

Warmquelle [118 C4] ist die nächste Siedlung. Hier leben Herero und Damara. Neben der warmen Quelle am Ortsausgang befindet sich der wunderschön gelegene und saubere Campingplatz.

Nur noch 20 km sind es jetzt bis nach *Sesfontein* [118 C4] im Tal des Hoanib. Der Ort erhielt seinen Namen von den sechs Quellen, um die wilde Feigenbäume stehen, und war in deutscher Kolonialzeit nordwestlichster Vorposten. Die alte Feste, 1896 errichtet, wurde umgebaut zum *Fort Sesfontein (13 Zi. | Tel. 065/ 27 55 34 | Fax 27 55 33 | www.fort-sesfontein.com | €€).*

Antilopen, Giraffen, Hyänen und Wüstenfüchse sind die Begleiter bei der Weiterfahrt. Die Landschaft ist markiert von Granitgebirgen und tiefen Rivieren, ausgetrockneten Flussbetten, in denen nur in der Regenzeit Wasser fließt. *Opuwo* [118 C2], 140 km nördlich von Sesfontein, war bis vor 15 Jahren noch ein bedeutender Stützpunkt der südafrikanischen Armee. Herero und Himba in traditioneller Kleidung verleihen der staubigen Ödnis einen exotischen Touch. Opuwo ist nicht mehr als ein kleines Krankenhaus, eine Kirche, zwei Tankstellen, die auch Benzin haben, ein Country Hotel, eine Polizeistation und unverhältnismäßig viele *shabeens,* lokale Kneipen. Das *Mopane Camp* liegt 5 km außerhalb von Opuwo, somit ruhig und abseits des manchmal doch recht lauten Kneipengeschehens im Ort. Die Zelte haben eigene Bäder, doch ist alles sehr einfach. Gemütliche Abende am Lagerfeuer *(10 Zelte, kein Tel. | Buchungen: mopane@iway.na | €€).* Neben dem *Kaoko Information Centre,* im *Oreness Restaurant (kein Ruhetag | €€),* wird internationale Küche von einem himba-französischen Paar zubereitet und serviert.

Die ⭐ *Epupa Falls* [118 C1] am modriggrünen Fluss Kunene (280 km von Sesfontein, Piste 3700) an der Grenze zu Angola stürzen in Katarakten 34 m in die Tiefe. Das Waschen von Wäsche und Shampoogebrauch ist allerdings verpönt: Menschen und Tiere sind auf dieses Wasser angewiesen. Unterkunft unter Palmen bietet das *Omarunga Camp* am Ufer des Kunene *(10 feste Zelte |*

Weite Landschaft mit Tafelbergen bei Khorixas

einzurichten. Dies ist jetzt aber, vor dem Hintergrund zahlreicher Diebstähle, nicht mehr anzuraten. Da weicht man doch lieber in die *Gowati Lodge* aus, zumal diese Unterkunft neuer und damit gepflegter ist. Übrigens haben fast alle Dorfbewohner am Bau der 2002 eröffneten Lodge mit zwölf Bungalows, Swimmingpool, Bar, Restaurant und schattigem Campingplatz (€) mitgewirkt *(Tel. 067/33 15 92 | Fax 33 15 94 | www. igowati.com | €€).*

■ AUSKUNFT ■
KAOKE INFORMATION CENTRE
Opuwo, Ortsausgang | *Tel. 065/ 27 34 20*

■ ZIELE IN DER UMGEBUNG ■
BRANDBERGMASSIV   [119 D6]
Die höchste Erhebung Namibias, der *Königstein*, ist 2573 m hoch und Teil des imposanten Brandbergmassivs. Die Bergkette 100 km südlich von Khorixas breitet sich in einem Oval von 750 km^2, 30 km in der Länge und 23 km in der Breite, aus. Es bildet das eingesunkene Gebirgsdach eines erloschenen Vulkans. Doch nicht aufgrund seiner vulkanischen Vergangenheit hat der Brandberg seinen Namen erhalten, sondern wegen des stichflammenartigen Aufleuchtens bei Sonnenauf- und Sonnenuntergang.

ORGAN PIPES   [119 D6]
Auch die 2–5 m hohen, aufrecht stehenden „Orgelpfeifen" aus Basalt 60 km südwestlich von Khorixas kurz vor Twyfelfontein sind eine geologische Besonderheit – und an die 120 Mio. Jahre alt.

Tel./Fax 067/30 47 32 | www.camel tour.com.na | €€–€€€).

KHORIXAS
[119 E5] **Das administrative Zentrum des Distrikts ist gesichtslos, trotz des Stadions, der Tankstellen und Supermärkte.** Früher fuhr man hindurch, um im *Khorixas Rest Camp* sein Basislager für die Erkundungen der Umgebung

PETRIFIED FOREST   [119 D5]

Der versteinerte Wald mutet an wie ein Freilichtmuseum der Vorgeschichte. Über die C 39 zu erreichen, lohnt sich der 42 km weite Weg von Khorixas auf jeden Fall. Die versteinerten Baumstämme auf einer Fläche von über 6000 m^2 inmitten einer offenen Trockensavanne sind fossile Überbleibsel einer Periode, in der es noch keine blühenden Pflanzen gab. Die einstigen riesengroßen Nadelbäume sind rund 300 Mio. Jahre alt. Ob sie seinerzeit hier wuchsen – die Wachstumsringe sind deutlich auszumachen – oder anderswo entwurzelt und angeschwemmt wurden, ist ungeklärt. So beeindruckend diese Inszenierung der Natur ist, so traurig ist die Art und Weise des Umgangs damit. So hören Besucher einfach nicht auf, Stücke des versteinerten Holzes mitzunehmen, und da den Anwohnern der Region dieses offenbare Bedürfnis der Touristen natürlich nicht verborgen blieb, nutzen sie die Ressourcen für ihre Verdienstmöglichkeiten. Dabei ist der Petrified Forest ein *National Monument*, wer beim Diebstahl der Fragmente erwischt wird, muss mit empfindlichen Strafen rechnen. *Eintritt 25 N$, Auto 5 N$*

TWYFELFONTEIN ⭐   [119 D6]

2500 Felsgravuren (Petroglyphen) belegen die Bedeutung des Platzes 70 km südwestlich von Khorixas als Kommunikationszentrum nomadisierender San. Ungewöhnlich ist, über die Vielzahl der Gravuren hinaus, die Tatsache, dass hier auch Felsmalereien anzutreffen sind. Also gehen Experten davon aus, dass Twyfelfon-

tein über mehrere Jahrhunderte, wenn nicht gar Jahrtausende hinweg von den unterschiedlichen San-Familien frequentiert wurde. Ob die ersten Ankömmlinge aber San waren, kann man nicht zuordnen, es scheint, dass zuvor noch andere, zwischenzeitlich ausgestorbene Stämme dieses Gebiet durchwanderten. Die tatsächlichen

Versteinerter Baum im Petrified Forest

Bedeutungen der stilisierten Spuren und Menschen, der Tierabbildungen, der Kreise, Quadrate, Linien, Punkte und Ellipsen erkennen zu können, daran werden die Wissenschaftler noch lange zu tun haben. Umso schöner, dass die Geheimnisse dieses magischen Orts nicht so schnell entschlüsselt werden.

Die anderthalbstündige geführte Rundwanderung verhilft zu einem guten Überblick. Die einheimischen Führer erklären die Bilder eindrucksvoll. Wegen der großen Hitze ist es ratsam, genügend Flüssigkeit mitzuführen. Besucher mit schwachem Kreislauf sollten bei Temperaturen, die über 40 Grad steigen können, auf die Visite verzichten. *Tgl. 9–18 Uhr*

12 km südlich von Twyfelfontein liegt die *Mowani Mountain Lodge (12 Zelte | 1 Zi. | 1 Suite – alles im Luxusformat | P. O. Box 6784 | Windhoek | Tel. 061/22 19 94 | Fax 22 25 74 | www.mowani.com | €€€).* M'wani heißt Platz der Götter. Mit der so benannten Lodge erschloss der namibische Tourismus sich erstmals auch einer luxuriösen Klientel. Das war um das Jahr 2000; seither hat sich zwar der ungewöhnliche Bau ganz im Stil der bizarren Bergwelt nicht verändert, die Atmosphäre in der Lodge hingegen hat sich nicht zum besten gewandelt. Luxuriöse Ausstattung ist nicht gleichbedeutend mit gehobenem Niveau. Wer sich von Schickimicki-Getue nicht stören lässt, dem mag es hier gefallen. Ansonsten gibt es natürlich noch andere Unterkünfte: Das *Camp Xaragu Damaraland (Tel. 067/68 70 37 | Buchungen Tel. 061 25 67 70 | Fax 25 68 13 | www.xaragu.com €)* ist auch nur 26 km von Twyfelfontein entfernt. Die saubere und schattige Anlage mit Pool besteht aus Hauszelten mit fest gemauerten Badezimmern. Hier ist man unkompliziert, mag Kinder und Tiere sowieso: zahme Erdmännchen, ein Waran, Strauße, Katzen, Enten, Fische. Was einst an Schlangen und Skorpione hier frei umherkroch, ist jetzt sicher in Terrarien untergebracht. Darin kann man die Tiere in Ruhe anschauen. 10 feste Zelte und voll ausgerüstete Igluzelte bei Bedarf stehen zur Verfügung.

Obwohl die *Twyfelfontein Country Lodge (Tel. 067/69 70 21 | Buchungen Tel. 061/37 47 50 | Fax 25 65 98 | www.namibialodges.com | €€€)* mit 56 Zimmern sehr groß ist, ist ihrem Ambiente eine gewisse Gemütlichkeit nicht abzusprechen. Dort, wo der Ausblick auf die Felsformationen von Twyfelfontein so einmalig ist, erst recht. Der Spazierweg zu den namensgebenden Quellen (Fontein) von Twyfel liegt nur fünf Autominuten von der Lodge entfernt, auch das ist ein Vorteil anderen Lodges gegenüber, wohin man sich früh genug auf den Weg zurück machen muss, um nicht in die schnell einbrechende Dunkelheit zu geraten. Und die Gäste des Campingplatzes sind zum Essen in der Lodge willkommen!

VINGERKLIP
(FINGERKLIPPE) ☆ [119 E5]

Die Erosion leistete ganze Arbeit. Die *Vingerklip*, von Khorixas aus über die Straße C 39 zu erreichen (nach 55 km rechts über die C 2351), ist der präparierte Rest eines Tafelbergs, das markante Ergebnis einer Arbeit von rund 30 Mio. Jahren. In dieser weit zurückliegenden Zeit führte der Ugab ungeheure Massen an Sand und Gestein mit sich, die die ganze Ebene füllten. Die erodierenden Prozesse veränderten die Landschaft stetig, nur die 35 m hohe Sandsteinsäule mit einem Umfang von 44 m, etwa 15 Mio. Jahre alt, blieb als Rudiment zurück. Vom Fuß des Felsens aus erschließt sich die pittoreske Landschaft bis zum Horizont. Die *Vingerklip Lodge (Tel. 067/29 03 18 | Fax 20 03 19 | www.vingerklip.com.na | €€)* bietet elf reetgedeckte Doppelbungalows im afrikanischen Stil, mit guter Küche, Grillplatz, Pool und Bar in traumhafter Umgebung.

SKELETON COAST

⭐ **[118 A–C 1–6] Ein steifer Westwind bläst gegen eine Mondlandschaft aus endlosen Sanddünen, Felsen und Bergen. Wind und Meeresströmungen haben im Lauf der Zeit ungezählte Schiffe an Land geworfen.** Insgesamt umfasst der Skeleton Coast National Park 20 000

tur als auch zum Schutz der eigenen Person. Der Nationalpark ist eine menschenfeindliche Gegend von faszinierendem Zauber.

Einlass in den Park gibt es an zwei Zufahrtstoren: *Ugabmund* [118 C6] und *Springbokwater* [118 C5]. Jeder Besucher muss einen Erlaubnisschein des Reservierungsbüros in Windhoek oder des Touristenbüros in Swakopmund vorweisen. Sie können

Ganz nah an der Natur lebt man in der luxuriösen Mowani Mountain Lodge

km², er ist landeinwärts bis zu 40 km breit und reicht vom Ugab River bis zum Kunene-Fluss, der die Grenze zu Angola bildet. Den besten Überblick über diese Landschaft verschafft man sich aus dem Flugzeug während einer Fly-in-Safari. Doch auch Fahrten in allradgetriebenen Fahrzeugen entlang der Pistenmarkierung sind möglich. Für alle Besucher gelten strikte Auflagen, an die Sie sich auf jeden Fall halten sollten – und dies sowohl zum Wohl der Na-

den Schein vorher dort kaufen oder direkt an den Eingangstoren zum Park erstehen *(Tageskarte 80 N$, Auto 10 N$)*. Nach 15 Uhr wird niemand mehr eingelassen, sodass immer noch eines der Camps im Nationalpark oder das jeweils andere Ausgangstor bei Tageslicht erreicht werden kann. Der äußerste nördliche Teil ist auf dem Landweg nicht zu erreichen, wer sich einfliegen lassen will, braucht eine Sondergenehmigung. Die raue Wüste ist ökologisch höchst sensibel. Die Berge sind reich an Mineralien, zuweilen tragen sie eine feine Kruste aus Achat und Rosenquarz, Amethyst, Bergkristall, Topas und Granat.

Nur wenige Kilometer vor dem südlichen Eingangstor Ugabmund zum weist die Beschilderung *Winston* zu einem der Wracks, das als intaktes Schiff aufgelaufen ist und nun von der Natur und von Kapkormoranen erobert wird. Innerhalb des Parks wird das Flussbett des Ugab durchquert, der nur selten Wasser führt, aber zusammen mit den anderen nach Westen verlaufenden Trockenflüssen als Oasenlinie mit reicher Fauna fungiert. Vom Ugab führt die Straße parallel zur Küste weiter nach Norden. Gelegentlich entdeckt man Schakale auf Beutesuche, mit etwas Glück auch Oryxantilopen und Wüstenelefanten. Am Strand ist manchmal die Aas fressende *Ghost Crab* (Geisterkrabbe) zu sehen, in den Dünen der weiße Namibkäfer.

Torra Bay [118 C5] hat einen Campingplatz mit einfachen Sanitäranlagen und einem kleinen Laden, der aber nur in den Ferienmonaten Dezember und Januar bewirtschaftet wird. Es gibt eine Tankstelle, aber kein Restaurant, pro Zelt- und Wohnwagenplatz werden *80 N$* verlangt (max. acht Personen). In *Terrace Bay* [118 B5] finden Sie sehr einfache Unterkünfte im Camp der verlassenen Bergbausiedlung (€).

■ AUSKUNFT

NAMIBIA WILDLIFE RESORTS
Tel. 061/23 69 75 | Fax 22 49 00 | www.nwr.com.na

SWAKOPMUND

 KARTE IN DER HINTEREN UMSCHLAGKLAPPE

[124 B3] ★ Der frühere Eindruck von Swakopmund als der einer treudeutschen Stadt ist einem durch und durch mediterranen Flair gewichen. Die Fassaden der

Skelettküste: Atlantikwellen treffen auf endlose Sanddünen

NÖRDLICHE NAMIB

Jugendstilvillen und Gründerzeithäuser sind in hellen Farben gestrichen, koloniale Embleme sind aus den Giebeln verschwunden, das Angebot in den Geschäften ist afrikanisch-exotisch. Es ist der ideale Platz zum Ausspannen.

Der Strand ist breit, der Sand schneeweiß und pudrigfein, und Gratisplätze zum Sonnenbaden gibt es genug. Das Wasser ist allerdings nicht sehr warm, die Temperaturen steigen im Sommer selten über 22 Grad, im Winter kühlen sie ab bis auf 13 Grad. Der Benguelastrom sorgt zudem für gefährliche Strömungen, die es nicht ratsam erscheinen lassen, außerhalb der geschützten Buchten zu schwimmen.

Swakopmund (30 000 Ew.) hat eine Küstenpromenade, eine historische Seebrücke und einen Leuchtturm, der alle Häuser überragt. In der Stadt kommt man an einer Zeitreise nicht vorbei. Sie führt zurück in die wilhelminische Epoche, entlang der Kaserne, der Kirche, dem Lazarett, dem Gericht, den alten Hotels und den Handelsniederlassungen.

◼ SEHENSWERTES ◼

ALTER BAHNHOF

Es ist erst 40 Jahre her, dass vor der Plattform, die heute Restaurant ist, die Züge nach Windhoek abfuhren. In der Zwischenzeit wurde das prachtvolle Bahnhofsgebäude mit seinen Giebeln, Türmchen, Arkaden, dem großzügigen Innenhof und den verwinkelten Nebengebäuden zu einem Hotel der gehobenen Klasse umgebaut. Gleich nebenan tobt das Nachtleben: im Kasino mit Nightclub.

HOHENZOLLERNHAUS

1906 als Neobarockhotel erbaut, war das altehrwürdige Haus auch schon ein Bordell, bevor glückliche Menschen jetzt dort in ihren Eigentums-

Swakopmund, Hohenzollernhaus

wohnungen leben können. *Tobias Hainyeko Street/Libertina Amathila Avenue*

KRISTALLGALERIE

Der Schatzkasten der namibischen Gesteinswelt steht an der Tobias Hainyeko Street. Kristallquader am Eingang weisen Besucher schon in diese Wunderwelt ein; das weltweit größte je gefundene Kristallaggregat, ein 520 Mio. Jahre altes Stück, ist hier ausgestellt. Es übertrifft alles bisher Gesehene. *Tgl. außer So 9–17 Uhr | Eintritt 20 N$*

SWAKOPMUND

NATIONAL MARINE AQUARIUM

Da es entlang der gesamten Küste keine Chance zum Tauchen gibt, kommen die Fische eben an Land: In den riesigen Becken des Aquariums tummeln sich Rochen, Hechte und andere Meeresbewohner. Durch einen Tunnel im Hauptaquarium gelangt man an das Panoramafenster, um Haie und andere „Kings of Sea" live zu sehen. Fütterungen durch Taucher tgl. 15 Uhr. *4, Strand Street | tgl. außer Mo 10–16 Uhr | Eintritt 30 N$*

SWAKOPMUND MUSEUM AND SAM COHEN LIBRARY

Das Museum ist eine wahre Fundgrube der namibischen Historie: Sammlungen zur Kolonialgeschichte und aus dem Alltag der Menschen des Landes, Dioramen zur Wüste und zum Ozean, Herbarien mit der Flora der Wüste und der einheimischen Tierwelt, Mineraliensammlungen und Erläuterungen zum Uranabbau. *Strand Street | tgl. 10–13 und 14–17 Uhr | Eintritt 18 N$*

WOERMANN-HAUS

Einst das aufwendig in Jugendstil, Neoromanik und Fachwerk erbaute und mit dem 5-stöckigen, 25 m hohen „Damara-Turm" versehene Verwaltungshaus der bekannten Hamburger Handelsfirma C. Woermann, wurde die südwestafrikanische Zentrale von Woermann, Brock & Co. daraus. 1971 in ein Schülerheim umgewandelt, 1976 in die städtische Bibliothek, heute residiert im ersten Stock der Kunstverein samt Kunstgalerie. Auch das Büro von *Namibia Wildlife Resorts* (NWR) ist hier ansässig. Dort bekommen Sie die Tickets für die „Namib-Section" im Namib Naukluft Park.

◼ ESSEN & TRINKEN ◼

AFRICAN CAFÉ ▶▶

Der Treffpunkt schlechthin in Swakopmund. Köstliche Kaffees aus ganz Afrika und eine exotische Mischung aus kleinen Gerichten sind die Markenzeichen des Lokals mit Straßencafé. Regelmäßige Auftritte von Livebands am Abend, Jam-Sessions, keine Polizeistunde. *3 B, Mandume ya Ndemufayo Street | Tel. 064/ 40 11 55 | So geschl. | €*

CAPTAIN'S TAVERN

Die Menüs aus fangfrischen Meeresfrüchten, Austern auf Eis oder Haisteak sind ein Muss. Ganz köstlich auch das Fischcurry nach Cape-malaiischem Rezept. *Swakopmund Hotel & Entertainment Centre | Theo Ben Gurirab Avenue | Tel. 064/ 40 08 00 | unbedingt reservieren | kein Ruhetag | €€*

THE LIGHTHOUSE PUB & RESTAURANT

Sehr gute Fischgerichte, eine gemütliche Bar, von der Terrasse ist der traumhafte Sonnenuntergang zu genießen. *An der Mole, Tel. 064/ 40 08 94 | kein Ruhetag | €€*

PUTENSEN BÄCKEREI – CAFÉ TREFF

Hierher geht man traditionell, trinkt „guten Kaffee", isst Kuchen nach urdeutschem Rezept oder schmackhaft belegte Brötchen und kann das alles auch mitnehmen. *Sam Nujoma Avenue | Mo–Fr 6.30–17.30, Sa 7.30–13 Uhr*

SWAKOPMUND BRAUHAUS

Wer hier nicht essen war, war nicht in Swakopmund! Deutsche und afrikanische Küche zu köstlichen Menüs und Tellergerichten kombiniert. Delikatesse: Grüner Spargel! Der Bartresen ist Treffpunkt der heimischen Society – Reservierung ist unbedingt notwendig. *Brauhaus Arcade | Tel. 064/40 22 14 | So geschl. | €–€€*

TIFFANY'S RESTAURANT & BAR ▶▶

Hier gibt es Fischfondue – und das allein ist Grund genug, sich gemütlich zusammenzusetzen. Austern, knackige Salate und andere Fischgerichte stehen auch auf der Karte. In der Bar werden die Sportereignisse im Fernsehen verfolgt, bei besonderen Ereignissen kann es dann sehr voll werden! *Libertina Amathila Avenue | Tel. 064/46 36 55 | Mo geschl. | €–€€*

THE TUG

Sehr schmackhaft zubereitete Fischgerichte, von traditionell bis raffiniert. Blick aufs Meer, Sonnenuntergänge von der Terrasse, und all das in einem alten Schiffsrumpf an der Jetty, mitsamt einem niedlichen Souvenirshop beim Eingang. *Beach Front | Tel. 064/40 23 56 (unbedingt reservieren!) | Mo–Fr mittags geschl. | €€*

VILLAGE CAFÉ ▶▶

Das Café ist neu in der Stadt und sehr gut besucht. Leckeres Frühstück, leckere Kuchen, einfallsreiches Interieur und gute Atmosphäre. *Sam Nujoma Avenue, gegenüber der Standard Bank | Mo–Fr 7–17, Sa 7–13 Uhr*

■ EINKAUFEN ■

Die Einkaufsmöglichkeiten liegen in den sieben Straßen der Innenstadt, sind alle zu Fuß erreichbar, und verlaufen kann man sich hier auch nicht.

AFRICAN ART JEWELLERS

Die ganze exotische Welt afrikanischen Schmucks. *Hendrik Witbooi Street, im Hotel Hansa*

The Tug: Fischgerichte mit Blick aufs Meer

CASA ANIN

Insider Tipp

Traditionelle Nama-Stickereien in ultramodernem Design sind das Markenzeichen der Jema-Werkstätten, die ihre Bettwäschen, Stoffe und Keramiken hier anbieten. *The Arcade, Sam Nujoma Avenue*

KARAKULIA CRAFT CENTRE

Primär sollte Behinderten Arbeit gegeben werden, nun ist aus dem Hilfsprojekt eine wahre Fundgrube an herrlichen Karakulteppichen und Wandbehängen geworden. Hier wird die reine Karakulwolle gesponnen, gefärbt und gewebt, nach Vorlagen oder in individueller Kreation. Und wenn ein Kunde seine eigene Idee

Anspruch nehmen, denn allein die phantasievollen Arbeiten der San – Ähnlichkeiten mit Felszeichnungen sind Absicht – bedürfen intensiver Aufmerksamkeit. Darum: Die Muschel ist nicht einfach ein Laden, sie

Denkmal beim ehemaligen Bezirksgericht in Swakopmund

mitbringt, wird auch diese umgesetzt. *Rakotoko Street, Tel. 064/ 46 14 15, nach Vereinbarung oder wenn ohnehin geöffnet ist*

Insider Tipp **THE MUSCHEL**

Das Geschäft ist nicht nur eine Buchhandlung oder eine Kunstgalerie, es ist vielmehr eine Symbiose aus beidem und damit einer der Mittelpunkte der namibischen Kunstszene. Die Ausstellungen der Galerie sind anspruchsvoll, die Auswahl der Buchtitel ergänzen das hohe Niveau. Ein Besuch hier wird einige Zeit in

ist ein Hort der Kultur. *Hendrik Witbooi Street*

SIBOLD   **Inside Tip**

Erstklassige Schuhe aus Robben- und Kuduleder, alle handgefertigt. *Neue Hewapa Passage, Sam Nujoma Avenue*

SWAKOPMUNDER BUCHHANDLUNG

Alles aus der Welt des Lesens. Das Traditionsgeschäft ist eine schier unerschöpfliche Fundgrube. *Sam Nujoma Avenue*

> *www.marcopolo.de/namibia*

■ ÜBERNACHTEN ■

BEACH LODGE

Das einzige B & B direkt am Strand liegt 5 km außerhalb des Stadtzentrums. *16 Zi. | 1, Stint Street | Tel. 064/41 45 00 | Fax 41 45 01 | www. beachlodge.com.na | €*

HOTEL EBERWEIN

Hotel garni in einer wunderschön renovierten Jugendstilvilla. Feiner Service. *17 Zi. | Sam Nujoma Avenue/ Otavi Street | Tel. 064/41 44 50 | Fax 41 44 51 | www.eberwein.com.na | €€*

HOTEL PENSION RAPMUND

Unterkunft mit familiärer, ja großzügiger Betreuung nicht weit vom Strand entfernt. *25 Zi. | 6–8, Bismarck Street | Tel. 064/40 20 35 | €*

SAM'S GIARDINO HOTEL ▶▶

Dieses zuvorkommend geführte Hotel ist eine Institution in Sachen herzlicher Gastfreundschaft. Samuel Egger, „Sam", ist Schweizer und definiert Lebensgefühl über ausgiebige Frühstücke, köstliches Essen, ausgewählte Weine und das Bedürfnis, sein Wissen um Swakopmund und was man da so erleben kann an seine Gäste weiter zu geben. Urgemütliche Atmosphäre auch an kalten, nebligen Tagen, denn hier wird weder am Kaminfeuer noch an den Zimmerheizungen gespart! *85, Anton Lubowski Avenue | Tel. 064/40 32 10 | Fax 40 35 00 | www.giardino.com.na | €€*

SWAKOPMUND HOTEL

Das Hauptgebäude des ehemaligen Bahnhofs ist zu einem freundlichen Hotel im modernen Kolonialstil umgebaut worden. *90 Zi. | 2, Bahnhof Street | Tel. 064/410 52 00 | Fax 410 53 62 | www.legacyhotels.co.za | €€€*

■ FREIZEIT & SPORT ■

CAMEL FARM

Hier können Sie kurze Ausflüge auf Kamelrücken, aber auch Tagesausritte mit einer Übernachtung unterm Sternenhimmel buchen. *B 2, Abzweig 1901, 1 km | Tel. 064/40 03 63*

HATA-ANGU CULTURAL TOURS ▶▶

Ungefähr vier Stunden dauern die hervorragend geführten Touren durch das Township Mondesa. Man geht zu Fuß, da in dem Stadtviertel kaum jemand ein Auto besitzt, und man nähert sich den Bewohnern so, wie die einheimischen und im Township respektierten Führer das zulassen. So kommen Berührungsängste erst gar nicht auf. Hier spielt sich das Leben auf der Straße ab, da kann man sich gut einfügen, das traditionelle Essen gehört dazu. Bei der Tour am Nachmittag (Start zwischen 15 und 16 Uhr) erlebt man traditionelle Ovambo-Tänze obendrein. Die Touren am Morgen beginnen um 11 Uhr. *Tel. 064/46 11 18 | Fax 40 40 16 | Mobiltel. 081/124 61 11 und 251 59 16 | 330 N$ pro Person*

■ AM ABEND ■

THE MERMAID CASINO

Klein Las Vegas im umgebauten alten Bahnhof. Slotmachines, Blackjack und Roulette. Geld ausgeben und – vielleicht – gewinnen dürfen Personen ab 18 Jahren. *2, Theo Ben Gurirab Avenue | Mo–Fr 19–4, Sa/So 13–4 Uhr*

THE TAVERN BAR

Swakopmunds beherzter Versuch, ein elegantes Nachtleben zu installieren. Öfters wird Livemusik gespielt, es gibt eine Cocktailbar. *Entertainment Centre | 2, Theo Ben Gurirab Avenue | tgl. 20–5 Uhr*

■ AUSKUNFT

SWAKOP INFO BUREAU

Sam Nujoma Avenue/Hendrik Witbooi Street | Tel. 064/40 48 27 | swa info@iafrica.com.na

■ ZIELE IN DER UMGEBUNG

CAPE CROSS [124 A2]

1486 landete Diego Cão hier und errichtete für seinen portugiesischen König eine Wappensäule. Die meisten Touristen kommen jedoch wegen der größten Robbenansammlung der Erde. In der Brunftzeit von September bis Dezember drängen sich bis zu 200 000 Tiere auf den Klippen des Kaps. *Ganzjährig 10–17 Uhr | Eintritt 40 N$ | Auto 10 N$ | 120 km nördlich*

HENTIES BAY [1246 B2]

Die *National West Coast Tourist Recreation Area* – nördlich von Swakopmund bis zur Ugab-Mündung, rund 200 km – wird unter Sportfischern hoch gehandelt. Meile 8, Meile 13 und der Fang eines Kupferhais sind die Ziele. Henties Bay hat seit 1965 eine Verwaltung und wächst stetig. An Wochenenden und in den Ferien ist viel los. Neben zahlreichen Campingplätzen gibt es das toprenovierte Hotel *De Duine (20 Zi. | Tel. 064/50 00 01 | Fax 50 07 24 | www.namibialodges.com | €–€€).* Gut essen kann man im *Spitzkoppe Restaurant (Tel. 064/50 01 00 | kein Ruhetag | €€).*

MOON VALLEY UND WELWITSCHIA NATURE DRIVE [124 B–C3]

Bei Goanikontes, 20 km östlich von Swakopmund, weist ein Schild zum Abbiegen von der geteerten Straße Richtung Windhoek. Dieser Weg Nr. 1911 ist steinig und führt an einer Farm vorbei ins wellige Auf und Ab

Cape Cross: So viele Robben wie hier können Sie nirgendwo anders sehen

des Mondtals. Es erscheint mit seinen blanken Felsen und den tiefen Einschnitten außerirdisch, abweisend. Bei der Weiterfahrt zum *Welwitschia Nature Drive* (ausgeschildert) durchqueren Sie die Trockenflüsse Khan und Swakop. Die *Welwitschia mirabilis* (nach ihrem Entdecker, dem österreichischen Botaniker Friedrich Welwitsch, benannt) ist eine der seltsamsten Pflanzen der Erde. Ihre am Boden liegenden Blätter können bis zu 8 m lang werden, und sie blüht unter extremen Klimabedingungen mitten im sandigen Nichts. 2000 Jahre alt kann eine Welwitschia mirabilis werden, und es soll sie schon vor 350 Mio. Jahren gegeben haben.

RÖSSING MINE [124 B3]

Die Besucher stehen in einem weitläufigen Urantagebau und bestaunen das technische Spezialgerät. Seit Jahren schon bedeuten die kontaminierten Abraumhalden eine Gefahr für das Grundwasser, die Luft, den Lebensraum der Swakopmunder. Nun scheint festzustehen, dass die Mine bald geschlossen wird. *Besichtigung jeden 2. Fr | Tel. 067/40 20 46*

SPITZKOPPE [124 C2]

Auf der Straße nach Windhoek muss man nach etwa 140 km kurz vor Usakos links auf die Piste 1918 in Richtung Henties Bay abbiegen, um bald das „Matterhorn Afrikas" zu sehen. Die Große Spitzkoppe leuchtet als Inselberg aus Granit, 1728 m hoch, in rosafarbenem Schimmer. Für die Urbevölkerung waren die Wasserstellen darin ein sicherer Zufluchtsort vor der harten Natur. Akazien säu-

Die Spitzkoppe, das „Matterhorn Afrikas"

men die Ufer der trockenen Flussbetten, die die wellige Landschaft durchqueren. Das dichte Laub des Sumachgewächses *Ozora crassinervia* und die gelben Aloen, die in den Wintermonaten Juni und Juli blühen, kaschieren die Öde der kahlen Granitfelsen. Mineraliensucher werden hier fast immer fündig.

WALVIS BAY

[124 B3] Walvis Bay ist eine Trabantenstadt am Meer, am Rand der Wüste. Die zweitgrößte Stadt Namibias (36 000 Ew.) ist ganz anders geprägt als die übrigen Städte des Landes; bis 1994 gehörte sie zu Südafrika. Das schachbrettartig angelegte Stadtbild mit breiten Straßen und kleinen Häusern am Atlantik hat

Touristen nicht viel zu bieten. Allerdings sorgt die Lagune für eine Vielzahl von Aktivitäten wie die Bootsfahrten zum *Pelican Point* oder das beliebte Kajakfahren, selbstverständlich begleitet von Robben und Delphinen. Und so ganz nebenbei ist dieses Mündungsgebiet des Kunene – wenn der Fluss denn genug Wasser

Pelikane lieben die nährstoffreiche Lagune

hat, um ins Meer zu münden – eines der bekanntesten Vogelparadiese im südlichen Afrika. Für den Staat Namibia ist der einzige Tiefseewasserhafen an der südwestafrikanischen Küste von großer Bedeutung: Fast 90 Prozent des Außenhandels werden hier abgefertigt.

◼ SEHENSWERTES

DUNE 7
Die höchste Düne der Küstenregion ist ein beliebter Picknickplatz – oder der richtige Ort für einen ganz romantischen *sundowner*.

ESPLANADE
Die Lagune wird gesäumt von einer Uferpromenade, wo sich Schwärme von Pelikanen, Möwen und Flamingos aufhalten. Wer Ausdauer hat, kommt am Ende der Lagune zu *Salt Works.* Hier wird Meersalz geerntet, die riesigen Salzberge auf dem Gelände sind weithin sichtbar.

LAGUNE & PELICAN POINT
Der Nährstoffreichtum des Wassers in der Lagune zieht Möwen, Pelikane und andere Seevögel an, hauptsächlich Flamingos. In Trockenzeiten sind es bis zu 40 000, die sich hier versammeln. An der äußersten Lagunenspitze, dem *Pelican Point,* sind sie besonders gut zu beobachten. Es werden Bootsfahrten zur Spitze der Nehrung angeboten.

◼ ESSEN & TRINKEN ◼

Es scheint ausgesprochen schwierig zu sein, eine nennenswerte Ausgehkultur etablieren zu können. Ständig wechselnde Betreiber gerade erst eröffneter Restaurants, deren Schließungen und Neueröffnungen – all das macht es nahezu unmöglich, Empfehlungen aususprechen zu können. Bleibt die Rückbesinnung auf Altbewährtes.

CAFÉ PROBST
Das Café hat exzellentes Frühstück, leichte Snacks, lecker belegte Brötchen und deutschstämmige Kuchenherrlichkeiten, bei denen Kalorientabellen sich in Wohlgefallen auflösen, im Angebot. *102, Theo Ben Guriab Street*

Andere Möglichkeiten, eine Mahlzeit zu sich zu nehmen, sind das *Spur* und *Steve's Take-Away & Pizzeria* im Shoppingcentre, *Theo Ben Guriab Street.*

■ ÜBERNACHTEN ■

Campingurlauber: Vorsicht! Der Campingplatz im Long Beach Leisure Park in Langstraand wird immer häufiger zum Ziel von Kriminellen. Es ist bereits mehrfach zu Überfällen gekommen, darum ist dort besondere Wachsamkeit geboten!

FREE AIR GUEST HOUSE ▶▶

So macht das Wohnen richtig Spaß: direkt an der Lagune, mit Pizzaofen, wo der Gastgeber für seine Gäste zum Pizzabäcker avanciert, wenn es nicht in der Saison gegrillte Langusten gibt. Kurse für Kite- und Windsurfen stehen auch auf dem Programm – und all das, samt unkomplizierter und fröhlicher Atmosphäre, ist selbst für kleinere Budgets erschwinglich. Die schlafen im Erdgeschoss, während für Gäste mit gehobeneren Ansprüchen Zimmer im ersten Stock zur Verfügung stehen: mit Atlantikblick! *10 Zi., | 16, Esplanade/2nd Street West, Tel. 064/20 22 47 | Mobiltel. 081/127 88 47 | Fax 20 34 12 | www.free-air.net | €*

LAGOON LODGE

Schickes Haus mit bezauberndem Interieur, Pool in großzügiger Außenanlage, gegenüber der Lagune mit phantastischer Küche. *6 Zi. | Tel. 064/20 08 50 | www.lagoonlodge.com.na | €€€*

LEVO'S GUESTHOUSE

Drei geräumige Chalets für Selbstversorger, freundlich und perfekt eingerichtet. Jedes Haus hat drei Schlafzimmer und zwei Bäder, sodass sechs Personen dort bequem unterkommen. Satelliten-TV, Grillplätze, Terrasse, Garage; 3 Min. vom Strand entfernt. *Tel. 064/20 75 55 | www.levotours.com | €€*

■ FREIZEIT & SPORT ■

SAFARIS AUF DEM OZEAN

Es gehört zum schönsten Zeitvertreib an der Küste: im Boot unterwegs sein, von dieser Robbenbank zur nächsten Pelikankolonie fahren; Delphine entdecken und mit ein wenig Glück auch schon mal einen Walhai. Dabei alles Wissenswerte über das Meer, seine Bewohner in und über dem Wasserspiegel erfahren, Austern und leckere Snacks essen, mit einem Glas Champagner dazu. Und wenn dann noch Robben ins Boot springen, um sich eine Portion Fisch abzuholen, dann ist man auf *Dolphin Tour* mit Levo's. *Levo Tours | Tel. 064/20 75 55 und 520 07 09 | www.levotours.com*

■ AM ABEND ■

Mittwochs und am Wochenende Diskothekenbetrieb bieten *Harley's Pub, 9th Street*, und *Plaza, 11th Street*.

>LOW BUDGET

> WO MAN SICH DEN FARBEN HINGIBT

Dünen, Dürre und Staubfahnen – bis der Regen kommt und die Pflanzen wieder sprießen

> **Die Namib-Wüste mit dem Namib Naukluft National Park zählt zu den trockensten Gebieten der Erde und ist eine der ältesten Wüsten überhaupt.**

Stay on the road, mahnt hin und wieder ein Schild am Straßenrand. Fahrzeuge ziehen kilometerlange Staubfahnen hinter sich her. Der 49 000 km^2 große Namib-Naukluft-Park [124 B–C 3–6, 127 D–F 1–3] ist der größte Nationalpark des Landes. Massentourismus wird es hier nie geben. Wer die unfassbar schönen Canyons vor allem im mittleren Bereich des Parks genauer erkunden will, braucht ein allradgetriebenes Fahrzeug und sollte ein guter Fahrer sein. Wer dem Abenteuer weniger zugetan ist, tut besser daran, sich einer geführten Tour anzuschließen.

Für alle Wege im Park sind Zugangsscheine erforderlich, sie sind am Eingang erhältlich *(pro Person 80 N\$, Auto 20 N\$)*.

Bild: Sossusvlei

ZENTRALE NAMIB

NAUKLUFT-GEBIRGE

[125 D5] **Schluchten führen wie überdimensionale Treppen in das Innere des etwa 1900 m hohen Gebirges, das ungefähr so groß ist wie der Harz.** Die ausgedehnten, grasbewachsenen Hochflächen am Ostrand der Namib-Wüste waren das Rückzugsgebiet für den Nama-Stamm und ihren heldenhaften Häuptling Hendrik Witbooi, der nicht bereit war, mit der deutschen Kolonialherrschaft Schutzverträge abzuschließen.

Im *Naukluft Camp (€)* kann man bis zu drei Tage in einfachen Schutzhütten (32 Betten) übernachten. Feuerholz und Wasser müssen mitgebracht werden. *Buchungen über Namibia Wildlife Resorts (Tel. 061/ 285 72 00 | Fax 22 49 00 | www.nwr. com.na)*

NAUKLUFT-GEBIRGE

■ ZIELE IN DER UMGEBUNG ■

KUISEB PASS [125 D4]

Von Solitaire kommend in Richtung Walvis Bay ist der Kuiseb-Pass ein natürliches Hindernis. Vom Aussichtsturm ☀ *Carp Cliff* bietet sich Ihnen ein unvergleichlicher Ausblick in den ⭐ *Kuiseb Canyon,* der sich in gigantischen Stufen tief

SOLITAIRE [125 D4]

Die Fahrt auf der C 14 verläuft lange im Umfeld changierender Wüstenfarben. Kilometerlange Farmzäune wechseln sich ab mit ungebändigter Landschaft, die im Nichts verläuft – bis sich am Horizont ein Tal öffnet, das jedoch gleich wieder hinter der nächsten Kehre verschwindet. Am

Vereinzelt wachsen Bäume auf den Hochebenen des Naukluft-Gebirges

hinabzieht. Die beiden deutschstämmigen Geologen Henno Martin und Hermann Korn versteckten sich hier während des Zweiten Weltkriegs für zwei Jahre, um der drohenden Internierung zu entgehen. Ihr Buch „Wenn es Krieg gibt, gehen wir in die Wüste" ist die Reportage eines ungewöhnlichen Abenteuers und zugleich eine Liebeserklärung an die Namib.

Berghang steht in großen Buchstaben *Solitaire* geschrieben. Um die Ecke gibt es eine Weide mit Pferden und Ziegen, ein flaches, lang gestrecktes Haus, eine Tankstelle mit zwei Zapfsäulen und hübsch drapierte landwirtschaftliche Gerätschaften aus antiken Beständen.

Einst lebte dieser Rastplatz von einer Ansammlung schräger Eindrücke und Storys – der ungewöhnliche

> **www.marcopolo.de/namibia**

Charakter einer solchen Atmosphäre ist, dem Himmel sei Dank, bis heute erhalten geblieben. So ist der Laden noch immer eine Fundgrube für alles, was man braucht, und vieles, was man nicht unbedingt nötig hat. Eine Ecke mit ungewöhnlichen Souvenirs rundet das Ensemble ab. Außerdem kann man hier jetzt übernachten: In der *Solitaire Country Lodge (Solitaire Lodge)* erfahren Sie bodenständige Gastfreundschaft ohne großes Getue, nicht vordergründig einnehmend, aber aufgeschlossen. Die Atmosphäre der Lodge spiegelt sich in der Ausstattung der Unterkünfte wider. Die Ausflüge im Eselskarren sind witzig! Ein gut ausgestatteter Campingplatz ist ebenfalls vorhanden, die Camper sind in Pool und Restaurant willkommen. *Tel. 063/ 69 30 21 | Buchungen Tel. 061/ 37 47 50 | Fax 25 65 98 | www.namibialodges.com | €–€€*

ZEBRA PAN/HOMEB [124 C4]

Noch immer auf der C 14 zweigt gegenüber dem Kriess-se-rus Camp eine Straße Richtung Süden und Gobabeb ab. Eines der Wasserlöcher entlang der Route trägt den Namen *Zebra Pan*, der für den Wildbestand der Region spricht. Camper sollten eine Nacht im sehr einfachen ☀ *Homeb Camp* (€) einplanen. Lage und Aussicht unter Ebenholz- und Kameldornbäumen direkt am Kuiseb River (oft ohne Wasser) sind fabelhaft.

SOSSUSVLEI

[124 C6] ⭐ **Wissenschaftlich betrachtet ist das Sossusvlei ein Trockenflussgebiet, eine der ebenmäßigsten und farbigsten Dünenlandschaften Namibias mit dem Sesriem Canyon als weitere Besonderheit.** „Sechs Riemen" bedeutet der Name, sechs Riemen benötigten die Siedler, um das Wasser in Eimern vom Grund an die Oberfläche zu ziehen. Während der Regenperioden allerdings kann man zwischen den bis zu 50 m hohen Felsen umherschwimmen.

Das Naturschutzgebiet Sossusvlei, dessen Attraktion rote, orangefarbene und gelbe Dünen sind, präsentiert sich als Wüstenkleinod, durch das sich das grüne Band der Flussoase des Tsauchab hindurchschlängelt. Die kompakten Sandfelder der bis zu 300 m hohen Dünen sind vom Wind geformt. Man vermutet darunter äl-

MARCO POLO HIGHLIGHTS

⭐ **Kuiseb Canyon**
Vor 2–4 Mio. Jahren geschaffene Schlucht (Seite 76)

⭐ **Sossusvlei**
Rote Dünen, grüne Oasen – ein Wüstenkleinod, das niemand mehr vergisst (Seite 77)

⭐ **Namib Rand Nature Reserve und Wolwedans**
Dunkle Bergketten, unberührte Dünenlandschaften, atemberaubende Natur: Am Ostrand der Namib können Sie die Wüste fernab vom Massentourismus erleben (Seite 78)

tere, in früheren Feuchtperioden erstarrte Dünenfelder, die erst in den letzten 30 000 Jahren mit neuem Sand bewehnt wurden. Ihre Kammrichtung verläuft von Süd nach Nord, den vorherrschenden Winden entsprechend, und ihre vielfältigen Rotschattierungen entstehen aus dem gemischten Granitgestein der nahen Naukluft-Berge, das in langwierigen Erosionsprozessen abgerieben und verweht wurde.

Der Weg zum Vlei selbst, zur Senke, ist das Flussbett des Tsauchab, der vermutlich vor 60 000 Jahren eine andere Richtung einschlug oder noch unterirdisch verläuft – überall dort, wo Kameldornbäume scheinbar aus dem Nichts wachsen. Daher stammt der Name der Region, denn Sossus heißt in der Nama-Sprache „Blinder Fluss". Doch der blinde Fluss sorgt für ein Farbenspiel, das zum Rausch werden kann. Man sollte

hier und da innehalten, das in langen Schwüngen gestaltete Dünenmeer bis zum Horizont betrachten und sich vorstellen, dass dieser Ozean aus Sand alles, was nicht dem eigenen Element zugehörig ist, an sich rafft. Und dann kann man – wie die alten Siedler – eine Stunde im Schatten eines Kameldornbaums hocken, auf dem zusammengebackenen Boden aus Salzkristallen, um sich an der unbeschreiblichen Eleganz der Dünenformen satt zu sehen.

Zahlreiche Lodges haben sich im Umkreis der Senke angesiedelt, die meisten verlangen allerdings exorbitante Preise für die Unterkunft. Annehmbare Ausnahmen sind das *Betesda Rest Camp* (Tel. 063/29 32 53 | www.betesda.iway.na | €€) und *Hauchabfontein Camping* (Tel./Fax 063/29 34 33 | irmi@mweb.com.na). Hier sitzt man unter Köcherbäumen und badet in den Pools des Tsauchab River!

>LOW BUDGET

> *Zebra River Lodge:* Selbstversorgern steht das Cottage offen. Man mietet das ganze Häuschen für mindestens zwei Nächte (350 N$ pro Nacht), es gibt Gas zum Kochen, keinen Strom. Zelten ist auch möglich, wenn die Gruppen größer sind.

> *Sesriem Campsite:* unter der Verwaltung der *Namibia Wildlife Resorts* (Tel. 061/285 72 00 | Fax 22 49 00 | www.nwr.com.na). Es liegt direkt hinter der Parkeinfahrt, Parkgebühren 80 N$ (soll um 300 Prozent angehoben werden), Zeltplatz 150 N$ (alle Preise pro Tag und pro Person).

■ ZIEL IN DER UMGEBUNG ■
NAMIB RAND NATURE RESERVE
UND WOLWEDANS ★   [125 D6]

Er kam, sah – und blieb: Für Albi Brückner, einen ansonsten pragmatisch denkenden, nüchternen Geschäftsmann aus Windhoek, war es Liebe auf den ersten Blick. Also kaufte er die Wüstenfarm Gorrasis und hatte fortan von seiner Terrasse einen unendlich weiten Blick über ehemalige Schafweiden, bis in die Nubib-Berge hinein. Störend waren nur die Zäune der verlassenen Farmen – früher hatte hier die Karakulschafzucht für einen Boom gesorgt, der sich später als Flop erwies. Die Farmer verließen Haus und Hof, nachdem sie zuvor nahezu den gesamten Wildbestand ausgerottet hatten. Zurück blieb überweidetes Land, von Zäunen durchzogen, aber ohne Zeichen von Leben.

Also gründete Brückner ein Konsortium, die *Namib Rand Friends*, und diese kauften alle zwölf Farmen, ließen die Zäune demontieren und

dunklen Bergketten, den Dünenlandschaften und weitläufigen Tälern zu bewahren und vor weiterer Zerstörung zu schützen *(Auskunft und Buchung:* Namib Rand Safaris *| Tel. 061/23 06 16 | Fax 22 01 02 | www. wolvedans.com).*

Komfortable Unterkünfte (alle €€€) finden Sie im *Dune Camp,* in

Insider Tipp

Fahrzeuge hinterlassen tiefe Spuren in der karg bewachsenen Landschaft

begannen damit, Wildherden erneut anzusiedeln. Dabei verlässt man sich auf die Erfahrungen von Wissenschaftlern, um dem fragilen Ökosystem nicht ungewollt neuen Schaden zuzufügen.

Das Gebiet mit einer Gesamtgröße von ungefähr 1500 km^2 wird nur bedingt touristisch genutzt, um die Schönheit der Natur mit ihren

der *Dunes Lodge (6 Zelte),* im *Wolwedans Private Camp (9 Chalets),* in der *Mountain View Suite (2 Personen),* im *Private Camp (2 Personen)* oder der *Mountain Lodge* im Norden *(10 kleine Luxusvillen | zu buchen bei www.ccafrica.com).* Die *Mountain Lodge* ist allerdings unpersönlich, standardisiert in ihrem Luxus und somit geradezu langweilig.

> „DIAMONDS ARE A GIRL'S BEST FRIENDS"

Wildpferde, ein beeindruckender Canyon und eine Geisterstadt im Wüstensand

> Marilyn Monroe sang ihr Loblied auf die wertvollen Steinchen, und stilbewusste Damen und Herren fallen bis heute mit Vorliebe in den Kanon ein. Wussten Sie, dass ein Großteil der schimmernden Schmuckstücke aus dem unwirtlichen Süden Namibias stammt?

Dort, inmitten der nackten, sturmumtosten Felsen, nistet ein biederes kleines Städtchen, Lüderitz. Abgeschnitten vom Rest Namibias, dem Meer zugewandt und von der „Verbotenen

Zone" umgeben, der *Diamond Area 1.* Adolf Lüderitz, der Namensgeber des bis in die heutige Zeit treudeutschen Orts, war einer der ersten Europäer, die sich auf das Wagnis der kontrastreichen Landschaft einließen. 1883 landete der Bremer Kaufmann in der Bucht von Angra Pequena, der heutigen Lüderitzbucht. Er und sein Kompagnon Vogelsang handelten dem Nama-Häuptling Fredericks einen 150 km breiten Land-

Bild: Fish River Canyon

SÜD
NAMIBIA

streifen vom Oranje bis zum 26. Breitengrad ab – für 150 Pfund in Gold und 200 Gewehre samt Zubehör. Ein Schnäppchen, an dem sich der Kaufmann nicht lange erfreuen konnte: 1886 ertrank er bei einer Schiffsreise von Oranjemund zur Lüderitzbucht. 1908, während des Baus der Bahn, die das 330 km entfernte Keetmanshoop im Hinterland mit dem derangierten Küstenstreifen verbinden sollte, erlebte die Region einen unerwarteten Aufschwung. Denn noch bevor die Schmalspurbahn eingeweiht werden konnte, entdeckte der Bahnmeister den ersten Diamanten und sicherte sich sofort einen Claim von 75 km^2. Daraufhin brach ein Diamantenrausch aus, Desperados aus aller Welt fielen in Heerscharen in der Wüste ein. Doch bald war eine Aktiengesellschaft gegründet, und fortan wurde die Diamantensuche industriell betrieben.

Steil erhebt sich das Land aus dem Meer. Granit und Schiefer, nur an wenigen Stellen sandbedeckt, prägen das Landschaftsbild der wild zerklüf-

Alltag in Keetmanshoop

teten Küste. Der sich anschließende Landstreifen besteht aus den Linien der Treibsanddünen. 50 km vom Atlantik entfernt liegt das Land schon 700 m über dem Meeresspiegel. Dort beginnt die öde Stein- und Geröllwüste, die an der Randstufe des 1500 m hohen, zentralen Hochplateaus in Grassteppe übergeht.

KEETMANS-HOOP

[128 C3] Die Distrikthauptstadt (20 000 Ew.) ist Verkehrsknotenpunkt für den südlichen Landesteil. Ein Gebäude mit viel Geschichte ist die lutherische Kirche

des Orts, 1895 erbaut. Sie bot 1000 Menschen Platz, nach dem Zweiten Weltkrieg verfiel sie, durch Privatinitiative wurde sie saniert und zum *Museum (Mo–Fr 7.30–12.30 und 13.30–16.30 Uhr)* umgebaut. Das Wellblechdach ist original, der Turm besteht aus Natursteinen. Im musealen Teil geben Devotionalien aus der Besiedlungsepoche einen guten Überblick über die Mühen der Kolonisierung.

ESSEN & TRINKEN ÜBERNACHTEN

CENTRAL LODGE
Kein Zweifel, hier ist man willkommen! Hier tun die Besitzer für ihre Gäste alles nur Mögliche, hier wird viel gelacht und erzählt. Die Zimmer haben TV, Kaffeemaschine und Telefon, es gibt einen Pool mit Liegewiese und ein Restaurant. *5th Avenue | Tel. 063/22 58 50 | Fax 22 49 84 | www.central-lodge.com | €*

AUSKUNFT

TOURISM INFORMATION KEETMANSHOOP
Hampie Pflichta Avenue | Tel. 063/ 22 12 11 | Fax 22 38 18

ZIELE IN DER UMGEBUNG

AI-AIS HOT SPRINGS   [128 B5]
Mitten in der wellenförmigen, sandigen Landschaft, 200 km von Keetmanshoop, liegen die dampfenden Quellen von *Ai-Ais,* was in der Nama-Sprache „siedend heiß" bedeutet. Die Durchschnittstemperatur des Wassers liegt bei 60 Grad. Das staatliche Restcamp ist in einem wenig repräsentablen Zustand, empfehlenswerter sind die Lodges im Gondwana Canyon Park.

FISH RIVER CANYON [128 B4–5]
Menschenleer, ohne Fußspuren, schön und abweisend zugleich – und 161 km lang. Als eines der großen Naturwunder Afrikas hat die 60 km südwestlich von Keetmanshoop beginnende Schlucht viel gemeinsam mit dem Grand Canyon Nordamerikas. Bis zu 549 m tief hat sich der Fish River in die Gesteinsschichten eingegraben. Klippspringer, Kleine Klippschliefer und Paviane sind hier zu Hause, auch Kuduantilopen, die scheuen Hartmann'schen Bergzebras und Leoparden. Zur Vogelwelt gehören über 60 verschiedene Arten, die Felswannen sind reiche Fischgründe. 27 Ausgrabungsstätten haben nachgewiesen, dass hier inmitten der Wüstenei Menschen schon vor 50 000 Jahren Schutz suchten.

Vom Hauptaussichtspunkt ist die Höllenkurve *(Hell Bend)* zu sehen, das klassische Beispiel eines gewundenen, sehr früh entstandenen Flusslaufs. Die verschiedenen geologischen Formationen sind deutlich zu unterscheiden: Sandstein, Tonschiefer und Lavaablagerungen, die bis zu 1800 Mio. Jahre alt sind; Kalk, Kies und Sandstein in bis zu 10 m dicken Schichten. Vor 500 Mio. Jahren zersplitterte die Kruste in Nord-Süd-Richtung – so entstand die Schlucht.

Der Fish River ist der längste Strom Namibias, nach 800 km fließt er in den Oranje. Während der ersten 100 km verläuft der Fluss fast horizontal, südlich von Seeheim sinkt das Flussbett in Wasserfällen ab. Zwischen Mitte April und Mitte September kann man eine Teilstrecke des Canyons durchwandern. Diese Wanderung muss in einem Reservierungsbüro von Namibia Wildlife Resorts angemeldet werden – mitsamt einem Gesundheitszeugnis! In der restlichen Zeit des Jahres ist der Canyon wegen der starken Hitze gesperrt, und daran sollte man sich auch halten, um nicht vor Ort wie einer der zahlreichen Hitzschlagtoten zu enden.

GONDWANA CANYON PARK [128 B5]
Eine weite Ebene, und vor den Bergen am Horizont die tiefen Schluchten des Fish River – das Gebiet, das heute den Namen Gondwana Canyon Park trägt, war bis vor wenigen Jahren noch unbeweidetes Land. Mittlerweile umfasst der Park etwa 1000 km². Das Land hat sich erholt, die Wildtiere sind zurückgekommen, zahlreiche Menschen haben Arbeit im Park gefunden, und das ganze

MARCO POLO HIGHLIGHTS

Kolmanskop
Die einst verlassene, von Sanddünen eroberte Diamantenstadt wird wieder ausgegraben (Seite 88)

Lüderitz
Eine altdeutsche Bilderbuchstadt im ewigen Wind (Seite 85)

Kokerboomwoud
Kandelaberbäume im Sonnenuntergang (Seite 84)

Fish River Canyon
Tiefer Blick in den Bauch der Erde und ihre Vergangenheit (Seite 83)

Die gewöhnlich einzeln stehenden Köcherbäume bilden hier einen kleinen Wald

Projekt wird aus eigenen Bioressourcen versorgt. Da ist die attraktive Lodge *Canyon Village (28 Zi. | €€)* mit Pool. Ohne Frage ein Gesamtkunstwerk, in witzigem Amiente, mit Pool, Campingplatz, Restaurant und viel familiär-rustikal-gemütlichem Charme ist das *Canyon Roadhouse (9 Zi. | €–€€).* Zwischen gigantischen Granitfelsen liegt die *Canyon Lodge (€€).* Gäste wohnen hier in 30 Steilhäuschen mit Giebeldächern aus Stroh. Und das *Mountain Camp (8 Zi. | €)* gibt es auch noch: Gemeinschaftsbäder und -küche, preiswerter als die anderen Lodges. *Buchungen aller Unterkünfte Tel. 061/23 00 66 | Mobiltel. 081/129 24 24 | www.gond wana-desert-collection.com*

KOKERBOOMWOUD ⭐   [128 C3]
23 km nordöstlich von Keetmanshoop strecken, zwischen dunkelroten Basaltblöcken verstreut, rund 250 der seltenen *Aloe dichotoma* ihre filigranen Äste gen Himmel. Die Köcherbäume gibt es nur in Namibia und der nördlichen Kapprovinz. Sie stehen unter Naturschutz. Durch ihre Maserung erwecken sie den Eindruck, mit einer abblätternden Folie umhüllt zu sein, die bei Sonnenuntergang golden leuchtet. Ihren Namen erhielt die bis zu 10 m hohe Sukkulente, weil die San aus den Ästen Köcher für ihre Pfeile herstellten.

MESOSAURUS FOSSIL TRAIL ☆   [128 C3]
Hier scheinen die Riesen im Köcherbaumwald gespielt zu haben. Das erst jüngst für Touristen erschlossene Gebiet der Steenkamp-Farm ist eine faszinierende Mischung zwischen

Giants' Playground und Kokerboomwoud. Hier werden auch die hervorragenden Fossilienfunde gezeigt, alles Wissenswerte erzählen Steenkamps mit großem Engagement. Führungen nach Absprache, *Tel. 063/ 22 50 50* | *www.mesosaurus.com*

Häusern. Wer spätabends durch die Straßen streift, wird schnell von einer erst romantisch, dann ungewohnt wirkenden Einsamkeit eingeholt. In Lüderitz werden die Bürgersteige zeitig „hochgeklappt", in den paar Restaurants und Kneipen ist nicht

Einer der großen Felsblöcke von Giants' Playground bei Keetmanshoop

LÜDERITZ

KARTE IN DER HINTEREN UMSCHLAGKLAPPE

[127 D3] ★ **Ein so typisch altdeutsches Städtchen (25 000 Ew.) wird man selbst in Deutschland vergeblich suchen.** Das Stadtbild entstand zwischen 1908 und 1914 und ist bis heute nahezu authentisch erhalten. Eine melancholisch anmutende Stimmung liegt über den sanddurchwehten Straßen und sandgepuderten, aber gepflegten

viel los, aber über der Stadt steht bei Dunkelheit verlässlich das bekannteste Sternbild des Südhimmels, das Kreuz des Südens. Es leuchtet auch über den Townships der Schwarzen, Benguela und Nautilus.

Die Arbeitslosigkeit ist in Lüderitz besonders hoch, die Hoffnungen der Einheimischen richten sich vor allem auf die Japaner und ihr Interesse an Langusten sowie auf die deutschen Touristen. Um die Stadt attraktiver zu machen, wurde eine Waterfront

LÜDERITZ

Blick von der Felsenkirche auf die Stadt Lüderitz

nach Kapstadter Vorbild gebaut: natürlich kleiner und ist jetzt, nach nur
fünf Jahren, fast völlig verwaist.

■ SEHENSWERTES

GOERKE-HAUS

Das Goerke-Haus ist das auffallends-
te Gebäude der Stadt: Jugendstil in
kräftigem Blau. Sein Erbauer, ein
Manager der Diamantengesellschaft,
verließ Lüderitz 1912 schon wieder.
Noch heute dient die kostbar ausge-
stattete Immobilie als Gästehaus für
Prominente. *Diamantberg Street |
Mo–Fr 14–16, Sa/So 16–17 Uhr |
Eintritt frei*

HISTORISCHES MUSEUM

Dokumentiert ist hier die frühe Geschichte des Gebiets, gezeigt werden
Steine aus den Diamantenminen, dargestellt sind die Besonderheiten der
Namib-Wüste und des Atlantiks, und
ein klein wenig lobt sich die so lange

vergessene Stadt selbst. *Diaz Street |
Mo–Fr 15.30–17 Uhr | Eintritt 10 N$*

■ ESSEN & TRINKEN

LEGENDS

À-la-carte-Restaurant mit einer Auswahl schmackhafter Gerichte. *Bay
Road | Tel. 063/20 31 10 | mittags
geschl. | €–€€*

PENGUIN RESTAURANT

Man sitzt auf der einzigen Terrasse
über der Stadt und genießt die ausge-
zeichnete Küche, vor allem aber
Fischgerichte. *Im Nest Hotel | Ostend
Street | Tel. 063/20 40 00 | kein Ruhe-
tag | €€*

■ ÜBERNACHTEN

DIAMOND REEF CITY

Das kleine Hotel mit alternativem
Touch liegt an der Hauptstraße. *10
Zi. | Bismarck Street | Tel. 063/
20 28 50 | Fax 20 38 53 | €*

SEA VIEW HOTEL ZUM SPERRGEBIET

Im gleichen Rhythmus, in dem der Zeitgeist durch Lüderitz bummelt, schlendert er auch durch dieses Traditionshotel. Traumhafte Lage, exzellenter Service. Wird vielleicht noch renoviert! Einfach nachfragen. *22 Zi. | Woermann Street | Tel. 063/20 34 11 | Fax 20 34 14 | www.sea-view-luederitz.com* | €€

SHARK ISLAND CAMPINGPLATZ

Windumtoste Raststätte für Caravanreisende und Camper. Auf der Halbinsel vor der Stadt wurden einst Schwarze von der Kolonialmacht festgehalten. Der Platz hat Waschräume und Gemeinschaftstoiletten, einfacher Standard, aber sehr romantisch.

FREIZEIT & SPORT

Felsklettern, Kanufahrten zur Insel Halifax, Segeln, Surfen, Windsurfen, Wandern und Langustenfangen. *Auskunft und Buchungen bei Lüderitz Safaris & Tours*

SEDINA

Die Sedina ist ein Gaffelschoner, und ein bekannter dazu. Auf ihm umsegelten Gabi und Manfred Wedell einst die Welt. In Lüderitz angekommen, blieben sie – und mit ihnen ihr Schiff. Das befindet sich heute in anderen Händen und dient zu spannenden Segelfahrten, vorbei am Diaz Point bis zu den Pinguinen auf der Insel Halifax. Die Fahrten sind stark wetterabhängig. *Tel./Fax 063/20 40 30 | Mobiltel. 081/127 95 65 | ab 220 N$*

AM ABEND

Diskotheken, Bars und ähnliches gibt es hier nicht. Das *Legends* im gleichnamigen Restaurant hat bis Mitternacht geöffnet.

AUSKUNFT

LÜDERITZ SAFARIS & TOURS

Insider Tipp

Mit Abstand die beste Adresse für Wissenswertes und Informationen aller Art, für Souvenirs und zum Buchen aller interessanten Aktivitäten. Abholservice vom Flughafen. *Bismarck Street | Tel. 063/20 27 19 | Fax 20 28 63 | ludsaf@iafricaonline.com.na*

ZIELE IN DER UMGEBUNG

DIAZ POINT [127 D3]

Das Kreuz an der nordwestlichen Spitze der Lüderitz-Halbinsel, 12 km von Lüderitz entfernt, erinnert an den

> LOW BUDGET

- > Keetmanshoop: Die White House Guest Farm ist von allen Low-Budget-Unterkünften in Namibia eine der persönlichsten. Die Farm liegt an der B 1, 11 km nördlich von Grünau. Zwar schon ein wenig herunter gekommen, doch mit Küche für Selbstversorger und der alten Rosenquarzmine auf dem Farmgelände eine Attraktion *(Tel./Fax 063/26 20 61 | Mobiltel. 081/285 64 84 | www.withuis.iway.na | €)*
- > Lüderitz: *Badgers Bar* ist Treffpunkt; leichte Mahlzeiten und Take-Aways in ebenso guter Qualität wie das Essen im *Ritzi's Seafood Restaurant* (gleicher Besitzer). *Diaz Street | So geschl.* | €

portugiesischen Entdecker Bartolomeu Diaz, der als erster Europäer der Neuzeit die Südspitze Afrikas umsegelte und im Jahr 1487 hier an Land ging. Das ursprüngliche Kreuz wurde zerstört, die Nachbildung stammt aus dem Jahr 1929. Der Aussichtspunkt kann sowohl auf dem See- als auch auf dem Landweg erreicht werden. Durchs Fernglas lassen sich Pinguine und Robbenkolonien beobachten.

KOLMANSKOP ⭐ [127 D3]
Zerrieben, zerscheuert, zerborsten. Im Winter stürmt der „Südwester" mit rund 100 km/h durch die Namib-Wüste und benutzt die Sandkörner wie Schmirgelpapier. Von der einst reichsten Stadt Afrikas, 20 km östlich von Lüderitz, sind nur noch einige Häuser geblieben, teilweise meterhoch gefüllt mit feinem, goldgelbem Sand. Tante-Emma-Laden, Theater, Turnhalle, Krankenhaus, deutsche Schule, Kino, Eisfabrik, Schlachterei, Villen. Die Wüste hätte sich die Gebäude längst zurückgeholt, wäre die Eigentümerin des verlassenen Städtchens, die Namdeb Diamond Corporation, ihrem Entschluss treu geblieben, Kolmanskop zu räumen. Doch 1980 wurde das touristische Potenzial der zerfallenen Diamantenstadt erkannt. Immer mehr Gebäude werden ausgegraben. Es lässt sich erahnen, welch unglaublicher Wohlstand hier einmal versammelt war.

Im Kasino dürfen Touristen auf der originalen Kegelbahn die Kugel schieben und in einem À-la-carte-Restaurant essen oder sich im Souvenirladen des Kasinos umschauen. Zur Einrichtung gehören das mit Eiche getäfelte Foyer, die Bar, der Beamtenspeisesaal, die Bibliothek. Wer kein Kleingeld hatte, bezahlte seine Drinks mit Diamanten – dazu werden heutige Besucher wohl nur sehr selten in der Lage sein.

Über 300 europäische Wüstenbewohner trotzten ihrer kargen Umwelt größtmöglichen Luxus ab. Sie hatten, neben der Schule und dem Theater, das erste Röntgengerät im südlichen

> HEIA SAFARI
In Namibia werden nicht nur Fotos geschossen

Vor Jahren wurden die Jagdaktivitäten im Land noch gern verschwiegen. Mittlerweile aber hat sich die Zahl der stetig einreisenden Jäger vervielfacht, sodass sie schon am Flughafen nicht mehr zu übersehen sind. Das brachte die Gästefarmer dazu, ihre touristischen Ambitionen zu trennen, da es sich nur in Ausnahmefällen vereinbaren lässt, „normale" Gäste und Jäger gemeinsam in einem Haus zu bewirten – wo die einen zur Jagd auf jene Wildtiere gehen, die von den anderen gern beim Gamedrive fotografiert werden. Nun wäre es einfach, sich an der Bezeichnung der Gästefarm orientieren zu können; doch ist eine Game Farm nur manchmal eine Jagdfarm, und eine Gästefarm ist oft auch eine Jagdfarm. Also sollte man sich bei der Buchung ausdrücklich vergewissern, welche Gäste bevorzugt werden.

Afrika und eine Stangeneisfabrik. Ab 1911 versorgte eine Gasturbinenanlage die Siedlung mit Strom, ein Schiff brachte monatlich 1000 t Frischwasser aus Kapstadt, Entsalzungsanlagen sorgten fürs tägliche

SPERRGEBIET ORANJEMUND [127 D–F 3–6]

90 Prozent aller Schmuckdiamanten stammen aus Namibia und alle aus dieser Region. Das heutige Diamantensperrgebiet (Nr. 1), das sich, grob,

Diamantenfieber machte Kolmanskop einst zur reichsten Stadt Afrikas

Wasser. Damit das weiße Städtchen funktionieren konnte, wurden 800 Ovambo als Dienstleistungsträger angestellt. Sie lebten in Baracken. Das Diamantenfieber, das diese koloniale Siedlung hervorbrachte, währte nicht lange – 1915 übernahmen die Südafrikaner das Gebiet. 1938 schloss die Mine, 1956 verließ der letzte Beamte den Ort. Danach kamen die Wanderdünen. *Führungen Mo–Sa 9.30 und 11, So 10 Uhr | Tickets (38 N$) bei Lüderitz Safaris & Tours*

entlang der Küste zwischen Oranje und Ketmanshoop befindet, wurde 1989 wieder eröffnet, nachdem eine Methode entwickelt worden war, mit der auch die winzigsten Diamanten gefunden werden. Die Möglichkeit von Touren in das Gebiet erfragt man am besten bei *Lüderitz Safaris & Tours.*

Auch hat die Diamantenförderung in Oranjemund wieder begonnen, offshore und mit der Aussicht, noch mindestens zehn Jahre produktiv sein zu können.

> HOHE DÜNEN, BIZARRE SCHLUCHTEN

Namibias Landschaften sind voller Extreme

Die Touren sind auf dem hinteren Umschlag und im Reiseatlas grün markiert

1 NAMIBIA GANZ NAH

Von den höchsten Dünen der Welt in die Schluchten bizarrer Bergwelten – Namibias Landschaften sind voller Extreme, und diese in ihrer ganzen Faszination zu erleben, ist ein Privileg, das sich den Reisenden auf einer Vielzahl von Wanderrouten darbietet. Oft sind diese Strecken Teilstücke einer großen, tagelangen Tour, doch sind sie darum nicht weniger attraktiv und für „normale Wanderer" gut begehbar. Beide Wanderungen sind Erlebnisse, die ein wenig Kondition, aber mehr noch die adäquate Ausrüstung aus Sonnenhut, Sunblocker, festen Wanderschuhen und viel Trinkwasser erfordern, damit die Ausflüge in die Wildnisse Namibias nicht zum unkalkulierbaren Abenteuer werden.

Der **Olive Trail** im **Namib-Naukluft-Gebirge** *(S. 75)* stellt mit seinen 10 km Distanz eine landschaftlich be-

Bild: Namib Naukluft Park

AUSFLÜGE & TOUREN

sonders attraktive Etappe im 120 km langen Naukluft Trail dar. Diesen Reiz erlebt man gleich zu Beginn der vier- bis sechsstündigen Wanderung, die am Parkplatz des Naukluft-Campingplatzes beginnt. Das frühmorgendliche, noch sanfte Tageslicht stiehlt sich zwischen den knorrigen Stämmen der wilden Olivenbäume und Würgefeigen hindurch, streift das Grün der Kräuter entlang des Pfads und zeichnet Muster auf die kunstvoll angelegten Nester der Webervögel. Der Pfad windet sich von knapp 1600 auf 2000 m, und gelbe Farbkleckse weisen die Richtung durch die bizarre Felslandschaft. Gut, dass die Wanderung früh am Tag begann, da ein späterer Aufstieg wegen fehlender Schattenplätze zu anstrengend wäre. Auch haben Sie so Zeit, die Umgebung auf sich wirken zu lassen. Euphorbien, Akazien, die Köcherbäume: Silbrig schimmernd lugen ihre Stämme über die Felskanten hinweg, raschelnd streift der Wind durch die rot-orangenen Blütendolden – ansonsten ist die Welt auf dem Gipfel erstaunlich kahl. Diese Überraschung ist jedoch vergessen, wenn Sie vom Hochplateau über die Gipfel des Naukluft-Massivs hinab auf die unendliche Ebene

Vegetation. Da bilden Köcherbäume gar einen kleinen Wald, während Sykomoren sich an den Felswänden der Schlucht entlang scheinbar in den Himmel winden. War die vergangene Regenzeit ergiebig, besteht der Fluss aus einer Anzahl Pools – so, als seien sie ausschließlich für müde Wandererfüße mit kühlem Wasser gefüllt.

Ein Wasserloch im Sossusvlei – geeigneter Platz für eine Rast

der Namib-Wüste blicken. Nach gut zwei Stunden ist es jetzt Zeit für eine Rast. Obacht aber vor den Übergriffen der Paviane, die schmackhaft zubereitete Snacks dreist für sich beanspruchen!

Der Abstieg vom Plateau führt an Rivieren entlang bis hinab in das Flussbett des Join Main Riviers. Je weiter man in die Tiefe wandert, desto auffallender verdichtet sich die

Auf Luxus dieser Art muss man bei einer Wanderung im **Sossusvlei** (S. 77) verzichten, doch wer denkt an körperliche Zipperlein, angesichts dieser grandiosen Dünenlandschaft! Man nennt die ebenmäßig geformten, in zahlreichen Farben scheinenden Dünen die höchsten der Erde und erkennt in ihren majestätischen Szenarien abweisende Distanz ebenso wie lockende Faszination.

> **www.marcopolo.de/namibia**

AUSFLÜGE & TOUREN

Obwohl die eigentliche Wanderung erst am 60 km entfernten Vlei beginnt, wird man die Fahrt über die Hauptpiste des Nationalparks entweder an der Elimdüne oder an der Düne 45 unterbrechen, um von ihren Gipfeln die großartigen Ausblicke auf die Senke der Dünen-Namib genießen zu können. Die meisten der höchsten Sandberge sind Sterndünen, so auch die Elim, die sich in ihrer oft dunkelroten Pracht nur 4 km vom Einfahrtstor am Sesriem Camp entfernt erhebt. Kaum hat der Aufstieg über den Grat begonnen, möchte man schon wieder stehenbleiben, um die zahlreichen Vegetationsformen genau betrachten zu können. Gräser und winzige Daisies, die mit ihren vielfarbigen Blüten zu nicken scheinen; Sukkulenten, die sich wie Geflechten über den Sand breiten, und die verworrenen Stängel der Nara, denen Minikürbisse wie grüngelbe, picklige Perlen entwachsen.

Die Spuren schnell geflüchteter Käfer, Vipern und Maulwürfe zieren den Weg nach oben; trocken knirscht der Sand bei jedem Tritt, doch wer verharrt, hört den Wind das Sandmeer und sich herwehen, um an anderer Stelle den Grat einer Düne zu erhöhen oder eine neue zu formen. Ganz leicht gestaltet sich der Abstieg durch den tiefen Sand, über den man vor lauter Übermut auch ein Stück herunterkugeln kann.

Das Vergnügen könnte sich fortsetzen, da auch andere Dünen sich zur Besteigung anbieten. Wie die berühmte Düne 45, die ihre Bezeichnung der Kilometerentfer-

nung zum Tor verdankt – und nicht zuletzt die Dünen am Vlei. Das Auto hat man auf dem Parkplatz unter den Kameldornbäumen zurückgelassen und ist die letzten 5 km durch das Bett des verlandeten Tsauchab River ins Vlei gewandert. (Sie können gegen Entgelt auch eine Fahrt im Geländewagen vom Parkplatz ins Vlei an der Einfahrt zum Sossusvlei buchen.)

In den letzten Jahren führte der Tsauchab River häufiger Wasser. Die Schlammmassen hinterließen Durchbrüche in den Dünenformationen und gestalteten die Landschaft hier und da um. Auch schufen sie den Nährboden für eine Vegetation, deren Samen sie mitbrachten. So wächst jetzt wilder Tabak im Schatten hoher, blühender Sukkulenten, Wart-ein-Weilchen-Büsche (Ziziphus) und Stechapfel ragen neben den Salsola-Brackbüschen auf, und Blumen, fein wie Papier, säumen die Erhebungen der Narabüsche.

Ihre Wurzeln reichen bis tief hinab in das Grundwasser – dass es solche Vorkommen in dieser harschen Umgebung überhaupt gibt, mag man angesichts der vertrockneten Kameldornbüsche im Deadvlei nicht glauben. 500 Jahre sind sie alt, abgestorben schon seit langem. Blattlos, wie sie sind, stellen sie die idealen Fotomotive in einer Kulisse dunkelbrauner Dünen dar.

Wer leise und gegen den Wind unterwegs ist, hat hier gute Chancen, Oryxantilopen zu sehen. Und wer weiter zum Hiddenvlei wandert, erlebt ähnliche Szenarien von karger Faszination.

2 HOTELS AUF RÄDERN

Mit dem Desert Express können Sie von Windhoek, mit dem Rovos Rail von Südafrika aus bequem und komfortabel nach Swakopmund reisen. Und mit dem Shongololo geht es kreuz und quer durch Namibia.

Reisende im Desert Express besuchen auch die Oase Goanikontes

In der betulich wilhelminischen Architektur des Bahnhofs von Windhoek wirkt der Desert Express *(www.desertexpress.com.na | ab 235 Euro ohne Getränke)* ein wenig futuristisch. Und auch der Rhythmus an Bord des modernen Komfortzugs mit seinen klimatisierten Abteilen hat keine Ähnlichkeit zum Tempo jener Zeiten, als Ochsenkarren länger als drei Wochen für die Reise zwischen Windhoek und Swakopmund benötigten. Heute dauert die Fahrt auf Schienen 24 Stunden, deren kurzweilige Gestaltung beispielsweise in der eleganten Bar beginnen kann. Allerdings lassen auch andere Abwechslungen in Form von Ausflügen nicht lange auf sich warten, sodass man bereits am Spätnachmittag auf der Oropoko Farm eine Pirschfahrt mit anschließendem *sundowner* genießt. Hinter den Eisenbahnfans liegt bis dahin eine Fahrt durch halbaride Savannenlandschaften. Rote und goldfarbene Dünen kündeten Bergketten in ockerfarbener Pracht an. In den Strahlen der Sonne vermeinte man die reichen Mineralienvorkommen der Region an Rosenquarzen, Tigeraugen, Lapislazuli, Marmor und auch Gold aufblinken zu sehen.

Bei der Rückkehr von der Safari in den Zug ist trotz der nun herrschenden Dunkelheit ein Ende des Tags noch nicht absehbar – die leckeren Gerüche aus dem Speisewagen des Desert Express erklären, warum. Es hat etwas vom Flair ungeahnter Lebensqualität, dieses Genießen typisch-namibischer Köstlichkeiten, während der Zug sich seinen Weg durch das Wüstenland bahnt. Eine Auswahl guter Weine und Spirituosen lässt die Imaginationen noch bis spät in die Nacht schweifen, bis sie sich am nächsten Morgen auf dem Scheitelpunkt einer Düne wiederfinden. Mit Aussichten auf die endlose Landschaft der ältesten Wüste der Welt, der Namib, und Swakopmund, das sich am Ufer des Atlantischen Ozeans in seiner pittoresken Wirklichkeit aus dem Morgennebel erhebt.

Swakopmund ist auch das Ziel des Rovos Rail *(www.rovos.com | ab 2500 Euro, Getränke inklusive)*, allerdings ist der Luxuszug dann schon seit fünf Tagen unterwegs. Die Tour war in Pretoria gestartet, das im neu-südafrikanischen Sprachgebrauch zu „Tshwane" umbenannt ist. So vehement sich also das wirkliche Leben verändert, so zeitlos sind die Momente an Bord dieses einzigartigen Nostalgiezugs. Schon beim Einsteigen scheint man sich in eine Zeitmaschine zu begeben, die in die goldenen *Roaring Twenties* (ver)führt: Sind die Rovos Rails doch akribisch renovierte Originale der ersten Züge, die überhaupt im südlichen Afrika verkehrten. Entsprechend den Ansprüchen im Überfluss Reisender zu Beginn des 20. Jhs. sind die Compartements, der Speise- und der Barwagen Luxusoasen mit ausladenden, richtigen Betten, mit Bädern, großen Tischen und bequemen Sesseln.

Die täglichen Ausflüge in das Umland der Route entführen nicht wirklich aus dieser Art des Lifestyles, denn obschon man sich, wie alle Schienenreisenden, entlang des gleichen Verlaufs der Strecke bewegt, erleben die Gäste des Rovos Rail die andere, exklusive Ausprägungen des jeweiligen Ziels.

Wie das zu verstehen ist, wird über den Erlebnissen im Enfant terrible namibischer Choo-Choos deutlich. Insider wissen nun bereits, dass es sich nur um den Shongololo *(Kiswaheli: Tausendfüßler)* handeln kann – und damit um Zugreisen, die auch durch ganz Namibia führen (ab 2100 Euro). Im *Shongo* geht es unkonventionell und fröhlich zu. Tagsüber ist man zu Exkursionen unterwegs, beim Zurückkommen wartet stets ein mehrgängiges Dinner mit typisch afrikanischen Gerichten auf die Shongos, und nicht selten enden die Abende im Bar-Waggon – wenn man nicht ohnehin auf jene Gäste wartet, denen die Option gerade recht kam, das jeweilige Kultur- und Nachtleben in einer nahe gelegenen Stadt zu erkunden. Dies ist in Namibia nicht häufig der Fall, doch startet der Shongololo in Kapstadt und führt von dort im Zickzack bis hoch in den Norden Namibias.

Wer nun glaubt, dass es sich bei den Shongololo-Fans um eine ausschließlich junge Klientel handelt, wird sich angesichts der Fotos auf der Website *www.shongololo.com* vom Gegenteil überzeugen können.

Weitere Informationen und Buchungen: *Albatros Urlaub | Westendstraße 71 | 60325 Frankfurt/Main | Tel. 069/97 60 94 77 | Fax 28 99 72 | www.albatros-urlaub.com*

EIN TAG IN WINDHOEK

Action pur und einmalige Erlebnisse.
Gehen Sie auf Tour mit unserem Szene-Scout

GRÜNES FRÜHSTÜCK

8:00

Das schönste Café der Stadt liegt mitten im Windhoeker *Zoo-Park*, einer grünen Oase, in der der Tag nur gut beginnen kann! Auf der Open-Air-Terrasse einen Platz im Schatten der großen Bäume ergattern, den Geräuschen des Parks lauschen und einen Wachmacher-Kaffee mit hausgemachtem Kuchen bestellen. So sweet – so lecker! **WO?** *Café Zoo | Independence Avenue | Tel. 061/22 34 79*

9:00

MEET THE PEOPLE

Mit dem Guide mitten ins Leben der Locals: Es geht zum Katutura-Viertel, um dessen Bewohner und ihre Kultur kennenzulernen. Anschließend ist Kreativität gefragt: Eine Einweisung in die Teppichwebkunst bei *Woven Arts of Africa* steht auf dem Programm. Dabei heißt es: sortieren, kämmen, spinnen, weben. **WO?** *Anmeldung unter Tel. 081/275 22 57 | Kosten: 155 N$ |www.be-local.com*

RAUBTIERFÜTTERUNG

12:00

Eine halbe Autostunde später kommt man Simba & Co. ganz nah. Auf einer *Reha-Lodge* finden verwaiste Tiere ein Zuhause und werden medizinisch versorgt. Hier darf man beim Füttern dabei sein. Wer nachfragt, darf eventuell sogar selbst mithelfen, die kleinen Löwen, Geparden oder Affen mit Leckereien zu versorgen. **WO?** *N/a'an ku sê Guest Lodge & Wildlife Sanctuary | Anmeldung unter Tel. 081/261 27 09 | www.volunteersnamibia.com*

13:00

HEIMATGEFÜHLE

Hunger bekommen? Dann schnell zurück in die Stadt und super schräge Gastro erleben: Mitten in Namibia gibt's ein typisch deutsches Restaurant, den *Thüringer Hof*. Extrem angesagt und kultig. Unbedingt Eisbein und Sauerkraut bestellen und im schattigen Biergarten des Restaurants genießen. **WO?** *Independence Avenue | ab 79 N$ | www.namibsunhotels.com.na*

24 h

TROMMELSESSION

16:00

Achtung, es wird laut. Beim Trommel-workshop erklärt der Lehrer Schlag für Schlag den traditionellen Rhythmus auf der *Djembe*, einer mit Ziegenfell bespannten Trommel. Da heißt es: gut zu-hören und auf den Takt konzentrieren. Am Ende darf jeder in Begleitung von Tamburin und Shakern ein Solo zum Besten geben. **WO?** *Ongoma, Bachbrecht | Anmeldung unter Tel. 081/285 29 91 | www.ongoma.com*

17:30

RASANTE SAFARI

Mit dem Quadbike auf Entdeckungsfahrt und den-noch im Einklang mit der Natur? Das geht: Vom südlichen Stadtrand aus steht ein Ausflug in die Berge an. Auf ei-ner sogenannten Sundowner- oder Wildbeobachtungsfahrt laufen einem nicht nur Antilopen vor die Linse. Special Feature: traum-hafter Blick in der Dämmerung auf Windhoek. **WO?** *Trustco Adven-ture, Western Bypass | Anmeldung nötig: Tel. 081/122 19 53*

AFRICAN DINNER

19:00

Das Dach ist aus Stroh und die Wände aus Stein und Holz: Im *Bush Boma* speist man in original namibischem Ambiente. Es gibt keine feste Speisekarte. Über dem offenen Feuer wird Rind-, Schweine- oder Hühnerfleisch gegrillt und direkt vom Spieß auf den Teller geschnitten. Das macht nicht nur satt, sondern schmeckt grandios. **WO?** *Itumba Adventures, Windhoek, Western Bypass | www.iitumba.web.na*

22:00

ABTANZEN

Lust auf cooles Nightlife? Dann ab ins *Funky Lab*. Hier trifft sich die Szene zum Sehen und Gesehenwerden. Bei House und R'n'B wird durch die Nacht getanzt und bei einem Long Island Ice Tea der neueste City-Talk ausgetauscht. **WO?** *AE//Gams Mall 104, Sam Nujoma Drive | Tel. 061/27 19 46*

> WÜSTENGOLFEN, SAFARI UND MEHR

Die sportlichen Aktivitäten konzentrieren sich in der Mehrzahl auf den Süden des Landes

> Zwar gehören die Landschaften Namibias zu den eindrucksvollsten Afrikas, und auch die Gründe, zu immer neuen Safaris wiederzukommen, sind vielfältig. Doch ist die Palette sportlicher und abenteuerlicher Aktivitäten mindestens ebenso attraktiv.

Denn Namibia ist ein einziger, riesiger Sandkasten – Spielplatz für Extrembiker, ernsthafte Wanderer, Sandboarder und Quadbiker. Der gesamte Küstenstreifen ist ein ideales Revier für Hochseefischer, Brandungsangler und für ganz hartgesottene Wellenreiter. Eine am Morgen und gegen Abend immer optimale Thermik versetzt Segler, Microlight- und Heißluftballonflieger und Fallschirmspringer in selige Taumel, und selbst passionierte Golfer kommen nicht um die vier Golfplätze im Land herum: Es ist einfach hip, sich von Green zu Green durch die Wüste zu spielen.

> *www.marcopolo.de/namibia*

SPORT & AKTIVITÄTEN

■ ANGELN & HOCHSEEFISCHEN

Gut 70 km Küste – und auf jedem Quadratmeter Fische, Fische, Fische. Zwischen Swakopmund und Henties Bay tummelt sich einer der reichsten Fischbestände der Welt. Den Angelschein bekommen Sie beim *Ministry of Fisheries* in Swakopmund *(Strand Street | Tel. 064/40 47 54),* oder Sie lassen alles organisieren von *Sunrise Tours & Safaris (8 Roon Street |* Tel./Fax 064/40 45 61 | *www.africa-adventure.org).*

■ BALLONFAHREN

Im Heißluftballon über die Wüste, vom Camp Mwisho am Namib-Rand am frühen Morgen, wenn die Umrisse der Dünen noch von dunklen Schatten scharf konturiert sind. *Namib Sky Adventure Safaris (Tel. 063/68 31 88 | Fax 68 31 89 | www. namibsky.com).*

■ GELÄNDEFAHRTEN ■

Sie heißen *Dorsland Trek Route, Kalahari Namib, Gamsberg Trail* oder *Uri Desert Run.* Sie sind mal 2000 km, andere „nur" 1000 oder

Nur Geübte sollten durchs Gelände fahren

100 km lang, aber sie müssen alle von erfahrenen Geländewagenfahrern bewältigt werden, denn ein anspruchsvolleres Übungsterrain als Sandverwehungen, Staubstraßen, Dünen oder, im Norden, Sümpfe, gibt es nicht. Auskunft: *4 x 4 Eco Challenge | Tel. 0027/82/411 69 98 | www.4x4ecochallenge.co.za*

■ GOLF ■

Dem kleinen, weißen Ball nach durch die älteste Wüste der Welt: Die Golfbahnen der Rössing-Mine, von Henties Bay, Windhoek und Walvis Bay sind nach allen Regeln internationalen Golfplatzdesigns angelegt, aber dennoch etwas kurios. Wer hier nicht Golf gespielt hat, kann beim Fachsimpeln im Club, egal in welchem, nicht mitreden. *Albatros Urlaub | Westendstraße 71 | Frankfurt/Main | Tel. 069/97 60 94 77 | www.albatros-urlaub.com*

■ KAJAK ■

Wer auch nur ein wenig Ahnung hat vom Kajakfahren, der sollte in der Lagune vor Walvis Bay zu Wasser zu gehen. *Eco Marine Kayak Tours | Tel./Fax 064/20 31 44 | www.em kayak.iway.na*

■ MOTORRADTOUREN ■

Motorräder werden in Namibia nicht vermietet, Motorradtouren unternimmt man mit Dirk Trümer. Er ist Namibier, kennt das Land aus dem Effeff und ist für die Individualität seiner Touren bekannt – abgesehen davon ist er der einzige professionelle Biker im Land. Berühmt ist seine 14-tägige Offroadtour, die ohne genauen Routenverlauf, ohne GPS, aber bis in die unzugänglichsten Winkel des Landes führt. Nicht ganz so aufregend verläuft die einwöchige Offroad Special. Weitere Fahrten sind ebenso im Programm wie das Angebot, speziell zusammengestellte Touren zu unternehmen. *Namib Enduro Tours | Windhoek | Tel. 061/24 61 65 | Fax 24 64 21 | www.na tron.net/tour/enduro*

> *www.marcopolo.de/namibia*

■ SPORT & AKTIVITÄTEN

■ QUADBIKING ■

Verschiedene Thementouren entführen die Quadbiker tief hinein in andere Welten. Da gibt es Dinospuren zu entdecken, mehr Adrenalin denn je zu verspüren und die Dünenlandschaften von ganz anderen, unbekannten Seiten kennenzulernen. Dazu gibts auch noch Safaris im Geländewagen. *Kuisib Delta Adventures | Tel. 064/20 25 50 | www.kuisib online.com*

■ PARAGLIDING ■

Selbst wenn Sie sich vorgenommen haben, nie in Ihrem Leben Paragliding zu machen: Mit Alex Stauch als Lehrer werden Sie alle Vorurteile vergessen und am Ende des Kurses sicher und happy über die Dünen schweben. *Albatross Paragliding Adventures Alex Stauch | Mobiltel. 081/241 54 83 | bstauch@iway.na*

■ SAFARI ■

Namibia ist ein Land für Selbstfahrer, so auch auf Safari. Zumal nahezu alle Reisenden den Begriff Safari mit Wildtierbeobachtungen gleichsetzen. Da ist das Ziel natürlich der Etosha National Park, und der lässt sich ohne Mühe befahren. Wer allerdings jeden Winkel des Landes und auch zum Beispiel die Sümpfe von Botswana jenseits der Grenzen erobern möchte, kann sich ganz zünftig einer Jeepsafari anschließen. Nur muss man sich auf die Veranstalter verlassen können, denn der Trip ist ein Abenteuer. *Sunway Safaris* ist ein zuverlässiges Unternehmen. Die Touren verlaufen garantiert abseits der ausgefahrenen Reifenspuren. Die Tour durch Namibia startet im süd-afrikanischen Cape Town (Kapstadt), führt durch ganz Namibia und endet nach 23 Tagen an den Victoria Falls in Simbabwe. Von dort ist der Trip nach Botswana nur ein Katzensprung. Teilstrecken sind ebenfalls möglich. *Sunway Safaris | Johannesburg/Südafrika | Tel./Fax 0027/11/803 74 00 | www.sunway-safaris.com*

■ SANDBOARDING ■

Die Dünen zwischen Swakopmund und Walvis Bay nach Lust und laune rauf- und runtergleiten: Hier gibt es keine Limits. *Alter-Action CC Sandboarding | Tel. 064/40 27 37 | www.alter-action.com*

Sandboarding auf Wüstendünen

> „WELCOME BABBA!"

Namibia kann für Kinder ein einziges Abenteuer und Spaß ohne
Ende sein – wenn sie alt genug sind, die Anstrengungen einer
Reise in dem Wüstenland zu meistern

> **Namibias Tierwelt ist auch für Kinder eine einzige Faszination und das nicht nur der „Big Five", sondern auch der vielen kleinen exotischen Lebewesen wegen.**
Ganz spannend wird die Safari, wenn es zu Fuß durch den Busch geht oder während einer Bootsfahrt über den Atlantik – meist begleitet von Robben und Delphinen. Zudem ist der Sand der Wüste für Kinder ein Riesenerlebnis. Über die Dünen kann man ohne Ende ins Tal rutschen, ku-
geln, laufen und schliddern. Einige Gästefarmen und Lodges haben Wasserlöcher in Sichtweite der Anlagen angelegt, auch von solchen Beobachtungen können Kids nicht genug bekommen. Dem kommt zugute, dass die Menschen in Afrika ausgesprochen kinderlieb sind. So kommt man auch in Namibia den Kindern der Gäste mit viel Sympathie entgegen. Wenig Verständnis aber haben die Einheimischen Reisenden mit Klein-

> **www.marcopolo.de/namibia**

MIT KINDERN REISEN

kindern gegenüber. Nicht, weil sie das natürliche Verhalten dieser ganz jungen Gäste nervt, sondern weil sie um die Anstrengungen wissen, die Reisen in ihrem kargen, heißen und oft unwirtlichen Land bedeuten. In einem Land zudem, das man in erster Linie bereist, um den Reichtum an Wildtieren zu bestaunen. Und dass wilde Tiere und Kinder nicht zusammen passen – wem muss man das erzählen? Namibische Kinder wissen von Kleinauf um die Gefährlichkeit selbst niedlicher Wildtierbabys. Sie wachsen mit den klimatisch bedingten Belastungen auf, lernen früh, sich den ständig staubigen Bedingungen anzupassen und begegnen den Gefahren im Alltag wie Schlangen, Skorpionen oder Anophelesmücken vorbeugend und umsichtig. Nichtafrikanische Kinder hingegen können aufgrund der fehlenden Erfahrung die Andersartigkeiten dieser fremden Lebensumstände nicht einschätzen, es sei denn, sie sind bereits in einem Alter, in dem sie Argumenten der Vernunft zugänglich sind. Das ist – und davon geht man an vielen Orten aus, die sich im direkten Umfeld zu Wildtierpopulationen befinden – nicht unter 12 Jahren. Allerdings kann man diese Grenze in etlichen Fällen auch nach unten variieren und sich der Meinung anschließen, dass schon 9-Jährige in der Lage sein können, die langen heißen und staubigen Strecken über Land auszuhalten, viel zu trinken, sich gegen die Sonne zu schützen, bei den Tierbeobachtungen keinen Lärm zu machen und ganz bestimmt nicht vergessen, was an Gefährlichem kreucht und fleucht. Familien sind idealerweise im Auto oder im Camper unterwegs, sodass man jederzeit auf die Bedürfnisse der jungen Mitreisenden eingehen kann, was bei Gruppenreisen nicht möglich ist. Doch bitte daran denken, dass das Aussteigen auf den Straßen des Etosha-Nationalparks beispielsweise streng verboten ist – der wilden Tiere wegen. Außerdem benötigt man viele Getränke an Bord! Die beste Reisezeit für Kinder ist wegen des geringeren Malariarisikos und der angenehmeren Temperaturen der namibische Winter, die Zeit der europäischen Sommerferien also.

ZENTRALNAMIBIA

BOLD & BEAUTIFUL
HAIR STUDIO   [125 E3]

Wie wär's mit einer Frisur des gastlandes? Hier kommt, wer sich traut, mit coolen afrikanischen Zöpfchen heraus; es dauert nur ein Weilchen, bis sie fertig sind. *Independance Avenue, Windhoek, neben dem Hotel Thüringer Hof*

CAPRIVI UND ETOSHA

SEIDARAP GUESTHOUSE   [120 C4]

Kleine, sehr persönlich geführte Gästefarm in der Nähe von Grootfontein. Im fruchtbaren Grootfontein Vallei gelegen, gehört ein großer, grüner und blühender Garten natürlich dazu. Angenehm auch für Kinder. *6 Zi. | Tel. 067/24 28 17 | Fax 24 28 18 | www.seidarap.com | €€*

NÖRDLICHE NAMIB

ROBBEN PER SCHIFF   [124 B3]

Mit *Sun Sail Charters Namibia* fahren Sie auf einem großen Katamaran zu den Robbenbänken am *Pelican Point,* in der Lagune von Walvis Bay, mit kindgerechten Erlebnissen auf dem Weg dorthin. Kinderfreundlich, mit Rettungswesten für die Kleinen an Bord. *Tel. 064 23 20 08 | Mobiltel. 081/124 50 45 | fun@mweb.com.na*

ROBBEN PER RAD   [124 A2]

4 km vom Cape Cross entfernt liegt die *Cape Cross Lodge (Tel. 064/ 69 40 17 | www.capecross.org | €€€).* Hier kann man sich ein Mountainbike leihen und so zur Robbenkolonie fahren.

Geht's denn? Härtetest für Straußeneier

MIT KINDERN REISEN

OKAKAMBE TRAILS [124 B3]
Stundenweise Ausritte, die Kinder auf Ponys, aber auch mehrtägige Touren auf Anfrage sind möglich. Die Farm liegt 14 km außerhalb von Swakopmund am Swakop River mit einfachem Campingplatz, Frühstück inkl. (€). Tel. 064/40 27 99 | Mobiltel. 081/124 66 26

ZENTRALE NAMIB

SOSSUSVLEI: DÜNE 45 [124 C6]
Die ist nicht so hoch, und deshalb ist das Klettern auch bei Hitze nicht so anstrengend und damit am ehsten für Kinder geeignet. Wer übrigens noch gegen Abend im Vlei ist, kann oft ein lautes Bellen hören. Das kommt weder von Hund noch von Schakal, sondern von winzigen, gepunkteten Geckos mit dem lateinischen Namen *Ptenopus garrulus,* das bedeutet „bellender Gecko".

ZEBRA RIVER LODGE [124 C6]
Die Lodge ist verhältnismäßig preiswert (1200 N$ pro Person), befindet sich im direkten Umkreis des Sossusvlei und ist ausgesprochen kinderfreundlich angelegt. Tel. 063/69 32 65 | Fax 69 32 66 | www.zebra river.com

SÜDNAMIBIA

MESAUROS FOSSIL TRAIL [128 C3]
Farmgelände mit Dinospuren und Köcherbäumen. Zuerst kamen die Namibiabesucher, um den recht großen Köcherbaumwald zu bewundern, doch dann entdeckten die Besitzer in einem verwilderten Teil ihrer Farm merkwürdige Spuren, die sich dann als Fußabdrücke von Dinosauriern herausstellten. Diese Terrain

ist mittlerweile zu einem kleinen Wunderland für Entdecker geworden, wo man zu unterschiedlich weiten Wanderungen und Fahrten unterwegs sein kann – immer auf prähistorischen Gebiet! Tel. 063/22 50 50 | www.mesosaurus.com

SAVANNA GUESTFARM [128 C4]
An der B 1, etwa 40 km nördlich von Grünau und auf dem Weg zum Fish

Kinder halten sich meist im Freien auf

River Canyon oder nach Südafrika gelegen, ist diese historische Farm ein sehr angenehmer Ort, die faszinierende Umgebung zu genießen. Für Kinder gibt es hier viel zu entdecken. Der Campingplatz mit vier Einstellplätzen ist ideal für Familien. Tel. 063/68 31 27 | Mobiltel. 081/127 75 78 | www.savanna.iway.na | €–€€

> VON ANREISE BIS ZOLL

Urlaub von Anfang bis Ende: die wichtigsten Adressen und Informationen für Ihre Namibiareise

ANREISE

Die staatliche *Air Namibia (Tel. 06105/20 60 30 | www.airnamibia. de)* ist zwar die einzige Linienfluggesellschaft, die Non-Stop-Flüge (10 Std.) von Frankfurt/M. nach Windhoek anbietet (viermal wöchentlich, Rail & Fly inklusive), doch ist, was die Faktoren Flugkomfort und Flugpreisgestaltung angeht, *SAA South African Airways (Tel. 01803/ 35 97 22 | www.flysaa.com)* eine attraktive Alternative. Denn obwohl die SAA-Flüge (täglich) über Johannesburg abgewickelt werden, ist die effektive Reisezeit nur wenig länger, da die Anschlussflüge von Johannesburg nach Windhoek zeitnah starten und bequem zu erreichen sind. Die Lufthansa-Zubringerflüge von allen deutschen Flughäfen sind ebenso im Ticketpreis von SAA inbegriffen wie fünf weitere Zusatzleistungen (Auskünfte in allen Reisebüros und bei Reiseveranstaltern). SAA hat den eindeutig besseren Flugkomfort, was Sitz- und Beinfreiheit und Service angeht. Eine weitere Direktverbindung von München bzw. Düsseldorf bietet die Charterfluggesellschaft *LTU (Tel. 0211/941 88 88 | www.ltu.de)* an – zu Tarifen, die je nach Saison und Verfügbarkeit um 550 Euro liegen. Auch hier nach Ermäßigungen, z. B. beim Kauf eines Travel Pass, fragen.

> WWW.MARCOPOLO.DE

Ihr Reise- und Freizeitportal im Internet!

> Aktuelle multimediale Informationen, Insider-Tipps und Angebote zu Zielen weltweit ... und für Ihre Stadt zu Hause!

> Interaktive Karten mit eingezeichneten Sehenswürdigkeiten, Hotels, Restaurants etc.

> Inspirierende Bilder, Videos, Reportagen

> Kostenloser 14-täglicher MARCO POLO Podcast: Hören Sie sich in ferne Länder und quirlige Metropolen!

> Gewinnspiele mit attraktiven Preisen

> Bewertungen, Tipps und Beiträge von Reisenden in der lebhaften MARCO POLO Community: *Jetzt mitmachen und kostenlos registrieren!*

> Praktische Services wie Routenplaner, Währungsrechner etc.

Abonnieren Sie den kostenlosen MARCO POLO Newsletter ... wir informieren Sie 14-täglich über Neuigkeiten auf marcopolo.de!

Reinklicken und wegträumen!
www.marcopolo.de

PRAKTISCHE HINWEISE

NAMIBIA TOURISM BOARD
Schillerstraße 42–44 | 60313 Frank-
furt/Main | Tel. 069/133 73 60 | Fax
13 37 36 15 | *www.namibia-tourism.*
com

DIRECTOR OF TOURISM RESERVATIONS
Private Bag 13267 | Windhoek | Tel.
061/23 69 75 | Fax 22 49 00 | reserva
tions@mweb.com.na

■ AUTO ■

In Namibia herrscht Linksverkehr.
Geschwindigkeitsbegrenzung in
Städten 60 km/h, außerhalb zwischen
90 und 120 km/h, wenn keine anderen Tempolimits angegeben sind. Die
Asphaltstraßen sind zweispurig und,
wenn auch schmal, in einem guten
Zustand. Die Nebenstrecken werden
selten gewartet, oft haben sich tiefe
Spurrillen gebildet. Eine Besonderheit der Verkehrsregelung ist der *4
way stop:* An ampelfreien Kreuzun-
gen gibt es keine Vorfahrtsstraße, die
Autofahrer aus allen Richtungen
müssen vor der Einfahrt in die Kreu-
zung das Stoppschild beachten. Mitunter werden auf kleineren Straßen
Farmgrenzen überquert, die durch
Tore *(heks)* verschlossen sind. Die
Tore müssen nach dem Durchfahren
wieder geschlossen werden.

Wenn es regnet, ist Vorsicht besonders angebracht. Der Staub auf
den Straßen verwandelt sich sofort in
einen schmierseifenähnlichen Belag.
Grundsätzlich gilt: Sich auch auf ge-
raden Strecken (Wildwechsel!) nicht
zu hohen Geschwindigkeiten verfüh-
ren lassen, auf den Pisten besonders
vorsichtig fahren. Wegen der Staub-
wolken, die sich gerade auf den Pis-

▶ WAS KOSTET WIE VIEL?

▶ **KAFFEE**	**1,50–3 EURO**	für eine Tasse im Restaurant
▶ **OBST**	**ETWA 0,50 EURO**	für eine Honigmelone
▶ **WEIN**	**8–12 EURO**	für eine Flasche Wein
▶ **WASSER**	**1–2,50 EURO**	für eine Literflasche
▶ **BENZIN**	**ETWA 0,60 EURO**	für einen Liter Super
▶ **IMBISS**	**8–12 EURO**	für ein Tellergericht

ten bilden, auch bei strahlendem
Sonnenschein das Licht einschalten.

■ BAHN & BUS ■

Den staatlichen Eisenbahnverkehr zu
nutzen, kann man Touristen aus Si-
cherheitsgründen nicht empfehlen.
Ausnahmen sind die privaten Züge,
wie Rovos Rail, der Desert Express
und der Shongololo. Überlandbusse
durchqueren das Land von Südafrika

oder Zimbabwe und umgekehrt. Komfortabel: *Intercape Mainliner | Tel. 061/25 65 80 | Fax 25 65 81*

▓ BANKEN & GELD ▓▓▓▓▓▓

Banken gibt es nur in Städten und größeren Orten. Daher empfiehlt es sich, gleich nach der Ankunft genügend N$ einzuwechseln. Nicht benötigte N$ können vor der Abreise umgetauscht werden. Nahezu alle Hotels, Restaurants und der größte Teil der Geschäfte akzeptieren Kreditkarten. An Tankstellen hingegen kann man damit nicht zahlen.

▓ DIPLOMATISCHE VERTRETUNGEN

DEUTSCHE BOTSCHAFT
Sanlam Centre | 154, Independence Avenue | Windhoek | Tel. 061/ 27 31 00 | Fax 22 29 81 | www.wind huk.diplo.de

ÖSTERREICHISCHES HONORARKONSULAT
1, Schäfer Street | Klein Windhoek | Tel. 061/22 21 59 | Fax 23 23 53

SCHWEIZER GENERALKONSULAT
26, Salk Street | Windhoek | Tel. 061/ 22 28 13 | Fax 22 01 04

▓ EINREISE ▓▓▓▓▓▓▓▓▓

Für österreichische, Schweizer und deutsche Bürger genügt zur Einreise ein Pass, der noch mindestens sechs Monate gültig ist. Der visafreie Aufenthalt ist für drei Monate erlaubt.

▓ FOTOGRAFIEREN ▓▓▓▓▓

Bevor Sie Menschen fotografieren möchten, bitten Sie höflich um deren Zustimmung. Sollte das „Objekt der Begierde" sich nur gegen die Zahlung eines Geldbetrag damit einverstanden erklären, sehen Sie bitte von

> BÜCHER & FILME
Namibia in Wort und Bild

> **Die verlorenen Jahre** – Die Literaturszene des „neuen Namibia" etabliert sich in nur kleinen Schritten. Bekanntester Autor in deutscher Sprache ist Giselher W. Hoffmann, dessen jüngste drei Titel „Die verlorenen Jahre", „Die Erstgeborenen" und „Schattenjäger" zum Einleserepertoire gehören sollten.

> **Africamerone** – Sammlung von Alltagsgeschichten einheimischer schwarzer Autoren

> **Der langsame Tod der Hisbiskusblüte** – Kurzgeschichten von Johannes O. Jakobi, die teilweise eine unheimliche Düsternis prägt.

> **Meine Farm in Afrika** – ZDF-Serie, in der sieben deutschstämmige Familien Einblick in ihr Leben in Namibia gaben. Da sorgte so manche Aussage für heiße Diskussionen im Land! Auch über die „schnulzigen Beziehungskisten", die in der jüngsten Vergangenheit für das Fernsehen gedreht wurden, denkt man in Namibia nichts wirklich Gutes, denn „da wurde das Land lediglich als Kulisse benutzt, von unserem Leben hat man nur Hausangestellte gesehen," hört man aus dem Kulturzentrum in Windhoek.

Beidem ab. So werden diese, für beide Seiten unwürdigen Situationen, vielleicht eines Tages der Vergangenheit angehören. Man sollte genügend Filmmaterial und Batterien mitnehmen, da die Auswahl auf dem Land nicht gut ist und Filme/Batterien teurer sind als zu Hause.

GESUNDHEIT

In kleineren Orten findet man Krankenhäuser und Erste-Hilfe-Stationen im Telefonbuch unter *Ministry of Health and Social Services.* In Wüstenregionen und auf dem Land gibt es nur wenige Ärzte. Deshalb eine kleine Reiseapotheke mitnehmen, die Insektenmittel, Verbandszeug, Schmerzmittel und persönliche Medizin enthält. Man sollte gegen jede Form von Hepatitis, Polio und Tetanus geimpft sein. Auch eine Gelbfieberimpfung empfiehlt sich. Wer in den Norden reist, sollte eine Malariaprophylaxe einnehmen. Gegen Schlangenbisse und Skorpionstiche festes Schuhwerk tragen! Wichtig sind auch Sonnenbrille, Sonnenschutzmittel und Kopfbedeckung.

INTERNET

Auf *Na*mibia *Tr*avel *On*line *(www. natron.net)* sind nahezu alle touristische Unternehmen auf über 2500 Seiten präsent. Aktuelle Nachrichten samt Wettervorhersage aus der „Allgemeinen Zeitung", der deutschsprachigen Tageszeitung in Namibia: Auf *www.az.com.na* erfahren Sie zuverlässig, was wann wo in der kaum vorhandenen Unterhaltungsszene los ist. Geschichtliche, allgemeine und aktuelle Informationen von der Deutsch-Namibischen Gesellschaft

e. V. gibts auf *www.dngev.de*; Schwerpunkte sind eigene Projekte wie der Jugend- und Kulturaustausch, Seminare oder Konferenzen. Umfangreiche Tipps, Anregungen und Informationen für Selbstfahrer bietet *www.drivenamibia.com*. Unter *www.auswaertiges-amt.de* kann man aktuelle Sicherheitshinweise per E-Mail abonnieren. Ein einheimischer Veranstalter mit bester Reputation im Land und bei jungen und jung gebliebenen Individualreisenden ist

WÄHRUNGSRECHNER

€	N$	N$	€
1	10,74	10	0,93
2	21,48	20	1,86
3	32,23	25	2,33
4	42,97	30	2,79
5	53,71	40	3,72
7	75,20	50	4,66
8	85,94	70	6,52
9	96,68	80	7,45
10	107,42	90	8,38

www.face2facetours.com. Mit den Guides von „Jimmys" lässt es sich in Katutura auch gut und sicher ausgehen!

INTERNETCAFÉS & WLAN

In jedem größeren Ort gibt es einen Zugang zum Internet, manchmal in der Bäckerei, manchmal auf dem Campingplatz oder in der Tourist Information – sicher ist aber, dass man dort verlässlich Auskunft geben kann, denn die Adressen wechseln schnell. WLAN-Spots sind in Namibia noch sehr selten. Aber: Hin und wieder funktioniert WLAN am Internationalen Flughafen in Windhoek.

KLIMA & REISEZEIT

Die angenehmste Reisezeit ist von Ende März bis Mai und von August bis Oktober. Selbst im heißen Sommer steigt die Temperatur des Atlantiks nie über 18 Grad. Die Hauptregenzeit beginnt im Januar und zieht sich bis in den April hinein.

MIETWAGEN

Die internationalen Autoverleiher wie Avis oder Budget haben ihre Niederlassungen auch am Flughafen. Allerdings kann man bei ihnen keine Geländefahrzeuge oder Wohnmobile mieten, jedoch z.B. bei *Asco Car Hire (www.ascocarhire.com),* wo ein Nissan Offroad Single Cab 4x4 für zwei Personen pro Tag etwa 150 Euro kostet.

NOTRUF

Für ganz Namibia Tel. *101 11*

ÖFFNUNGSZEITEN

Banken: *Mo–Fr 9–15.30, Sa 8.30–11 Uhr;* Büros: *Mo–Fr 8–17 Uhr;* Geschäfte: *Mo–Fr 8.30–17 oder18, Sa 8.30–12 Uhr.* Zahlreiche Supermärkte haben abends bis 20 Uhr und auch sonntagvormittags geöffnet.

POST

Ein Luftpostbrief bis 50 g kostet 5,80 N$, eine Postkarte 3,20 N$.

PREISE & WÄHRUNG

Namibia ist kein preiswertes Reiseland, die Nebenkosten liegen auf deutschem Niveau und beim Einkaufen auf dem Land sogar darüber. Der Namibian Dollar (N$) ist in 100 Cent unterteilt. Es gibt Banknoten zu 200, 100, 50, 20 und 10 N$ und Münzen zu 1 und 5 N$, 50, 10 und 5 ct. Der N$ hat den gleichen Wert wie der südafrikanische Rand (ZAR), der als Zahlungsmittel überall angenommen wird. Travellerschecks werden akzeptiert.

STROM

220 Volt, teilweise sind dreipolige Stecker erforderlich. Die notwendi-

WETTER IN WINDHOEK

Jan.	Feb.	März	April	Mai	Juni	Juli	Aug.	Sept.	Okt.	Nov.	Dez.
30	29	27	25	22	20	20	23	25	29	29	30
Tagestemperaturen in °C											
17	16	15	13	9	7	6	9	11	15	15	17
Nachttemperaturen in °C											
9	8	8	10	10	10	10	11	10	10	10	10
Sonnenschein Std./Tag											
8	8	8	4	1	0	0	0	0	2	3	6
Niederschlag Tage/Monat											

PRAKTISCHE HINWEISE

gen Zwischenstecker sind im Land erhältlich.

TELEFON & HANDY

Das Fernmeldenetz Namibias unterliegt, oft wetterbedingt, starken Störungen. Die meisten telefonischen Kontakte laufen daher über das Handy *(cell)*. Die Vorwahl nach Deutschland ist 0049, nach Österreich 0043, in die Schweiz 0041. Die Vorwahl Namibias ist 00264. Telefonkarten sind im Wert von 10, 20 und 50 N$ in Supermärkten, Tankstellen und bei der Post zu erhalten.

Das Mobilfunknetz ist sehr weit ausgebaut. D1 und D2 funktionieren auch hier. Eine unkomplizierte und preiswerte Alternative ist der Kauf einer Guthabenkarte. Dieses Tango-Starterkit ist passend für alle gängigen Handys, kostet einmalig 185 N$ (95 N$ Freischaltgebühren) und kann in Tankstellen und zahlreichen Supermärkten nachgeladen werden.

TRINKGELD

In den meisten Unterkünften auf dem Land steht an der Rezeption eine Tipbox. Dahinein kommt das Trinkgeld fürs Personal: 20 N$ bei preiswerten Unterkünften, mehr in den höheren Kategorien. In Restaurants sind 10 Prozent des Rechnungsbetrags angemessen. Taxifahrer erhalten 10 Prozent des Fahrpreises, Gepäckträgern stehen mindestens 2 N$ zu.

ZEIT

Winter- und Sommerzeit gibt es auch hier, doch werden die Uhren zu einem anderen Zeitpunkt umgestellt: Vom letzten Sonntag im März bis zum ersten Sonntag im April und vom ersten Sonntag im September bis zum letzten Sonntag im Oktober gibt es keinen Zeitunterschied. Vom ersten Sonntag im April bis zum ersten Sonntag im September beträgt

Abendliche Entspannung auf der Safari

der Zeitunterschied in Namibia minus eine Stunde, vom letzten Sonntag im Oktober bis zum letzten Sonntag im März ist die namibische Zeit der MEZ eine Stunde voraus.

ZOLL

Das persönliche Reisegepäck ist zollfrei. Ohne Aufschlag dürfen nach Namibia Geschenke im Wert von bis zu 500 N$ mitgeführt werden, außerdem 1 l Spirituosen, 2 l Wein, 350 Zigaretten. Bei der Einreise in die EU sind zollfrei 200 Zigaretten, 2 l Wein, 1 l Spirituosen, 50 g Parfüm und 250 ml Eau de Toilette, außerdem Waren im Wert von 175 Euro (Schweiz 100 Franken). Elfenbein darf gemäß Washingtoner Artenschutzabkommen nicht in die EU eingeführt werden.

> DO YOU SPEAK ENGLISH?

„Sprichst du Englisch?" Dieser Sprachführer hilft Ihnen,
die wichtigsten Wörter und Sätze auf Englisch zu sagen

Aussprache

Zur Erleichterung der Aussprache sind alle englischen Wörter mit einer einfachen
Aussprache (in eckigen Klammern) versehen. Folgende Zeichen sind Sonderzeichen:

ə	nur angedeutetes „e" wie in bitte
θ	[s] gesprochen mit der Zungenspitze zwischen den Zähnen
'	die nachfolgende Silbe wird betont

■ AUF EINEN BLICK

Ja/Nein	Yes [jäs]/No [nəu]
Vielleicht	Perhaps [pə'häps]/Maybe ['mäibih]
Bitte/Danke	Please [plihs]/Thank you ['θänkju]
Gern geschehen.	You're welcome. [joh 'wälkəm]
Entschuldigung!	I'm sorry! [aim 'sori]
Wie bitte?	Pardon? ['pahdn]
Ich verstehe Sie/dich nicht.	I don't understand. [ai dəunt andə'ständ]
Können Sie mir bitte helfen?	Can you help me, please? ['kən ju 'hälp mi plihs]
Guten Morgen!	Good morning! [gud 'mohning]
Guten Abend!	Good evening! [gud 'ihwning]
Guten Tag! (je nach Tageszeit)	Good morning!/afternoon!/evening! [gud 'mohning/ahftə'nuhn/'ihwning]
Hallo! Grüß dich!	Hello! [hə'ləu]/Hi! [hai]
Wie ist Ihr/dein Name?	What's your name? [wots joh 'näim]
Mein Name ist …	My name is … [mai näim is]
Ich komme aus …	I'm from … [aim frəm]
… Deutschland.	… Germany. ['dschöhməni]
… Österreich.	… Austria. ['ohstriə]
… der Schweiz.	… Switzerland. ['switsələnd]
Auf Wiedersehen!	Goodbye! [,gud'bai]/Bye-bye! [,bai'bai]
Tschüss!	See you! [sih ju]/Bye! [bai]
Hilfe!	Help! [hälp]
Rufen Sie bitte …	Please call … ['plihs 'kohl]
… einen Krankenwagen.	… an ambulance. [ən 'ämbjuləns]
… die Polizei.	… the police. [θə pə'lihs]

■ UNTERWEGS

Bitte, wo ist …	Excuse me, where's … [iks'kjuhs 'mih 'weəs]
… der Bahnhof?	… the station? [θə 'stäischn]

SPRACHFÜHRER ENGLISCH

… der Flughafen?	… the airport? [θə ˈeəpoht]
… die Haltestelle?	… the stop? [θə stɔp]
… der Taxistand?	… the taxi rank? [θə ˈtäksiränk]
Bus/Fähre/Zug	bus [bas]/ferry [ˈfäri]/train [träin]
Wo kann ich einen Fahrschein kaufen?	Where can I buy a ticket? [ˈweə kən ai bai ə ˈtikit]
Können Sie mir bitte sagen, wie ich nach … komme?	Could you tell me how to get to …, please? [ˈkud ju ˈtäl me hau tə gät tə … plihs]
Gehen Sie geradeaus.	Go straight on. [gəu sträit ˈon]
Gehen Sie nach links/rechts.	Turn left/right. [töhn ˈläft/ˈrait]
Erste/Zweite Straße links/rechts.	The first/second street on the left/right. [θə ˈföhst/ˈsäknd striht on θə ˈläft/ˈrait]
nah/weit	near [niə]/far [fah]
Überqueren Sie …	Cross … [ˈkros]
… die Brücke.	… the bridge. [θə ˈbridsch]
… den Platz.	… the square. [θə ˈskweə]
… die Straße.	… the street. [θə ˈstriht]
Ich möchte … mieten.	I'd like to hire … [aid ˈlaik tə ˈhaiə]
… ein Auto …	… a car. [ə ˈkah]
… ein Fahrrad …	… a bike. [ə ˈbaik]
… ein Boot …	… a boat. [ə ˈbəut]
drücken/ziehen	push [pusch]/pull [pull]
Eingang/Ausgang	entrance [ˈäntrəns]/exit [ˈägsit]
Wo sind bitte die Toiletten?	Where are the restrooms, please? [ˈweərə θə ˈrestruhms plihs]
Damen/Herren	Ladies [ˈläidies]/Gentlemen [ˈdschäntlmən]

■ SEHENSWERTES

Wann ist das Museum geöffnet?	When's the museum open? [ˈwäns θə mjuˈsiəm ˈəupn]
Wann beginnt die Führung?	When does the tour start? [ˈwän das θə ˈtuə ˈstaht]
Altstadt	the old town [θi_ˈəuld ˈtaun]
Ausstellung	exhibition [ˌäksiˈbischn]
Gottesdienst	service [ˈsöhwis]
Kirche	church [tschöhtsch]
Palast	palace [ˈpälis]
Rathaus	town hall [ˈtaun ˈhohl]
Stadtplan	town map [ˈtaun ˈmäp]
Stadtzentrum	city [ˈsiti]/town centre [ˈtaun ˈsäntə]

■ DATUMS- & ZEITANGABEN

Montag	Monday ['mandäi]
Dienstag	Tuesday ['tjuhsdäi]
Mittwoch	Wednesday ['wänsdäi]
Donnerstag	Thursday ['θöhsdäi]
Freitag	Friday ['fraidäi]
Samstag	Saturday ['sätədäi]
Sonntag	Sunday ['sandäi]
heute/morgen	today [tə'däi]/tomorrow [tə'morəu]
täglich	every day ['äwri 'däi]/daily ['däili]
Wie viel Uhr ist es?	What time is it? [wot 'taim_is_it]
Es ist 3 Uhr.	It's three o'clock. [its 'θrih_ə'klok]
Es ist halb 3.	It's half past two. [its 'hahf pahst tuh]
Es ist Viertel vor 3.	It's quarter to three. [its 'kwohtə tə 'θrih]
Es ist Viertel nach 3.	It's quarter past three. [its 'kwohtə pahst 'θrih]

■ ESSEN & TRINKEN

Die Speisekarte, bitte.	May I have the menu, please. ['mäi ai häw θə 'mänjuh plihs]
Ich nehme …	I'll have … [ail häw]
Bitte ein Glas …	A glass of …, please [ə 'glahs_əw … plihs]
Besteck	cutlery ['katləri]
Messer/Gabel/Löffel	knife [naif]/fork ['fohk]/spoon ['spuhn]
Vorspeise	hors d'œuvre [oh'döhwr]/starter ['stahtə]
Hauptgericht	main course ['mäin 'kohs]
Nachspeise	dessert [di'söht]/sweet [swiht]
Salz/Pfeffer	salt [sohlt]/pepper ['päpə]
scharf	hot [hot]
Ich bin Vegetarier/in.	I'm a vegetarian. [aim a ,wädschi'teəriən]
Trinkgeld	tip [tip]
Die Rechnung, bitte.	May I have the bill, please? ['mäi ai häw θə 'bil plihs]

■ EINKAUFEN

Wo finde ich …	Where can I find … ['weə 'kən_ai 'faind]
… eine Apotheke?	… a chemist? [ə 'kämist]
… eine Bäckerei?	… a bakery? [ə 'bäikəri]
… ein Kaufhaus?	… a department store? [ə di'pahtmənt stoh]
… ein Lebensmittelgeschäft?-	… a food store? [ə 'fuhd stoh]
… einen Markt?	… a market? [ə 'mahkit]
Haben Sie …?	Have you got …? ['həw ju got]
Ich möchte …	I'd like … [aid 'laik]
Ein Stück hiervon, bitte.	A piece of this, please. [ə pihs əw θis plihs]
Eine Einkaufstüte, bitte.	A bag, please. [ə bäg plihs]

> www.marcopolo.de/namibia

SPRACHFÜHRER

Das gefällt mir (nicht).	I (don't) like it. [ai (dəunt) laik_it]
Wie viel kostet es?	How much is it? ['hau 'matsch is it]
Nehmen Sie Kreditkarten?	Do you take credit cards?
	[du_ju täik 'kräditkahds]

ÜBERNACHTEN

Ich habe bei Ihnen ein Zimmer reserviert.	I've reserved a room. [aiw ri'söhwd_ə 'ruhm]
Haben Sie noch Zimmer frei?	Have you got any vacancies?
	[həw ju got_,äni 'wäikənsis]
ein Einzelzimmer	a single room [ə 'singl ruhm]
ein Doppelzimmer	a double room [ə 'dabl ruhm]
mit Dusche/Bad	with a shower/bath [wiθ ə 'schauə/'bahθ]
Was kostet das Zimmer?	How much is the room?
	['hau 'matsch is θə ruhm]
Frühstück	breakfast ['bräkfəst]
Halbpension/Vollpension	half board ['hahf' bohd]/
	full board ['ful bohd]

PRAKTISCHE INFORMATIONEN

Können Sie mir einen Arzt empfehlen?	Can you recommend a doctor? [kən ju ,räkə'mänd ə 'doktə]
Ich habe hier Schmerzen.	I've got pain here. [aiw got päin 'hiə]
Ich habe Durchfall.	I've got diarrhoea. [aiw got daiə'riə]
Kinderarzt	pediatrician [,pihdiə'trischn]
Zahnarzt	dentist ['däntist]
Eine Briefmarke, bitte.	One stamp, please. [wan stämp 'plihs]
Postkarte	postcard [pəuskahd]
Wo ist bitte …	Where's … , please? ['weəs … plihs]
… die nächste Bank?	… the nearest bank … [θə 'niərist 'bänk]
… der nächste Geldautomat?	… the nearest ATM machine …
	[θə 'niərist 'äitiem maschiin]

ZAHLEN

1	one [wan]	11	eleven [i'läwn]
2	two [tuh]	12	twelve [twälw]
3	three [θrih]	20	twenty ['twänti]
4	four [foh]	50	fifty ['fifti]
5	five [faiw]	100	a (one) hundred [ə ('wan) 'handrəd]
6	six [siks]	200	two hundred ['tuh 'handrəd]
7	seven ['säwn]	500	five hundred ['faiw 'handrəd]
8	eight [äit]	1000	a (one) thousand [ə ('wan) 'θausənd]
9	nine [nain]	1/2	a half [ə 'hahf]
10	ten [tän]	1/4	a (one) quarter [ə ('wan) 'kwohtə]

> Die Seiteneinteilung für den Reiseatlas finden Sie auf dem hinteren Umschlag dieses Reiseführers.

Mit freundlicher Unterstützung von

kein urlaub ohne

holiday autos

gang einlegen, gas geben, urlaub kommen lassen.

holiday autos vermittelt ihnen ferienmietwagen zu alles inklusive preisen an über 5.000 stationen – weltweit.

REISEATLAS
NAMIBIA

A B C

Quedade Monte Negro
Serra Cafema 2042 Epupa Falls
Cunene Baynes Mts. Otjihandjavero
Kunene Zebra Mts.
1 Foz do Otjinhungwa Ondova 2074 Chita
Cunene Otjihipa Mts. Kunene River Lodge
Okotusu Etengua Otjijanjasemo 1718 Ond
Otjitanda 1868 Fa
Ehomba
Ouhandjo Etorohaberge Epembe
1964
Steilrandberge
1604 Otjinero Omukurukaze
2 305 Omatjenguma
Munutum 1762
Orupemba Tönnesenberge Opuwo
Otju Okorosave
1419 C43
Okongomba Giaffenberge 1342 Oruhito
Angra Fria Etendeka 132
Cape Fria Nadas 1866
Ongango
Sechomib Robbies C43
3 Khumib Pass Schwarze
Kuppen
Purros Otjikondavirongo
Rocky Point Tomakas C43
1676
Sesfontein
Ganamub Warmqu
Old
German
Möwe Bay Hoanib Fort

4 371 1554 C43

Hunkab
Khaias

Uniab Palmwa
Terrace Bay
5 200 Terrace Bay C39
Sprinbok Gate

Torra Bay Torra Bay
Palgrave Point Koigab C34

ATLANTIC
Tascanini
6 178
OCEAN Ugab
50 km
118 Main Gate

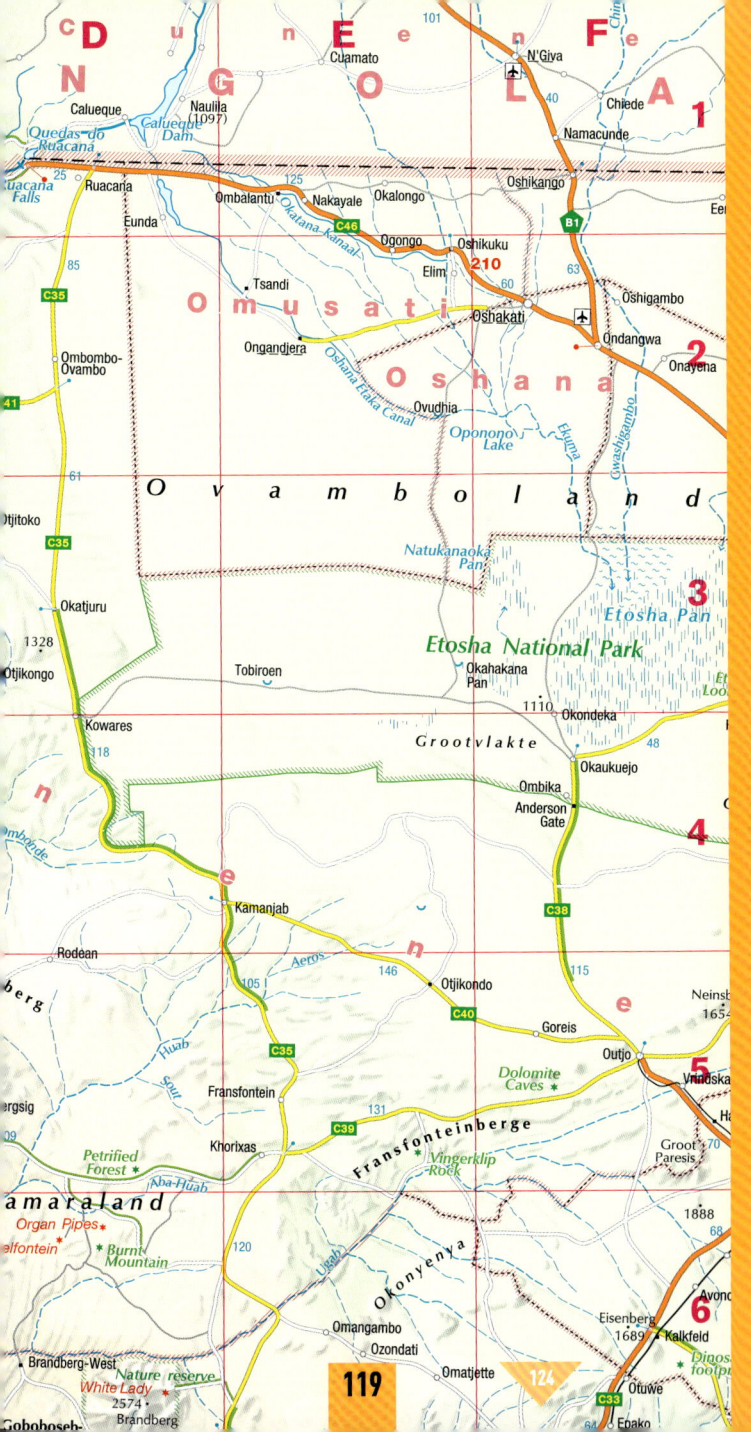

A **B** **C**

1

Melunga   Eenhana   Oshuli   Okongo   Bongola   Go

Mpungu

O h a n g w e n a

Odila   Oshifitu   1145

Onayena   Okankolo

2

Nipele   175

O v a m b o l a n d

1171

O s h i k o t o

Oshivelo   Omuramba Ovambo

1130

Etosha Pan

Etosha Aoba Lodge   Ombili Foundation

Tsintsabis

Namutoni   35   Von Lindequist Gate   75

C38

Etosha Lookout   75   **B1**

3

Halali   250

Otjikoto Lake   Tsumeb

Gobaubvlakte   Jakalsberg   58   Roy's Rest Ca   Abenab   51

Tsobis   63   C42

431   2155   *Hoba Meteorite*   Berg Auk   Grootfontein

Uib   Gross Otavi   Die Vallei

C39   Otavi   **201**   Kombat   83   Uchab   **B8**

4

Neinsberg   1654   Ugab   Hohental

431   Platveld

118

Okaputa   *Omambonde*

Vrindskap   Ondangaura   Ongongoro

B1   1760   Orosberg   Omatako   Okangeho   Okamatapa

Hartseer   Okave   *O t j o z o n d j u p a*

Gerus   Heuningberg   *Groot Waterberg*   *Waterberg*   1857   Omatako

Groot Paresis   70   Omatjene

5

1888   Otjiwarongo   *Klein*   Okakarara

68   Paresis   23   *Plateau Park*   73   Okahitwa

Erundu   1930   Klein Waterberg

Avond   *Ohakane*   Okomumbonde

Omboroko   1885   C22   165   Okondjatu

Kalkfeld   Omatako   Osire

Dinosaur footprints   C30

6

Sukses   171

Omatako   2316   151   Otjosondu

2073   Omburg   **245**   C31   Summer

125   **120**

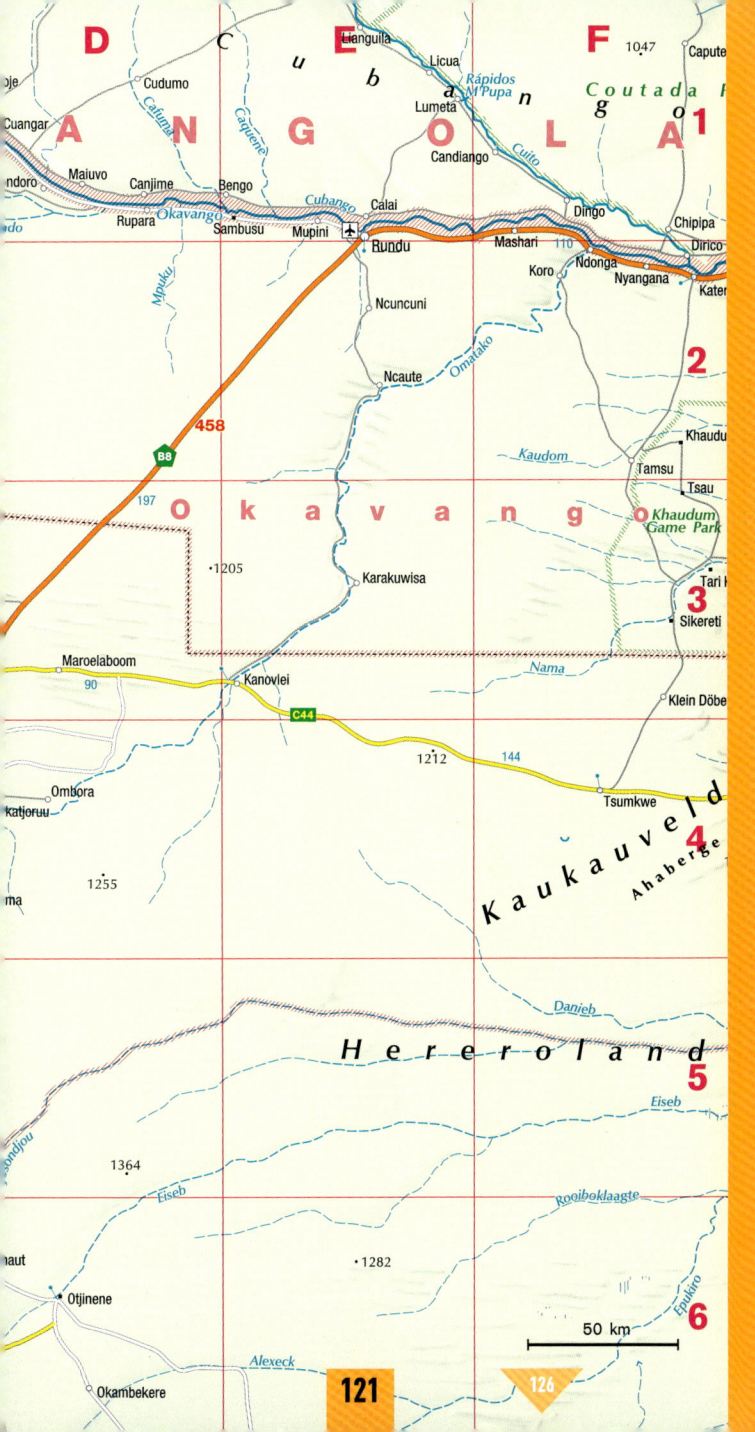

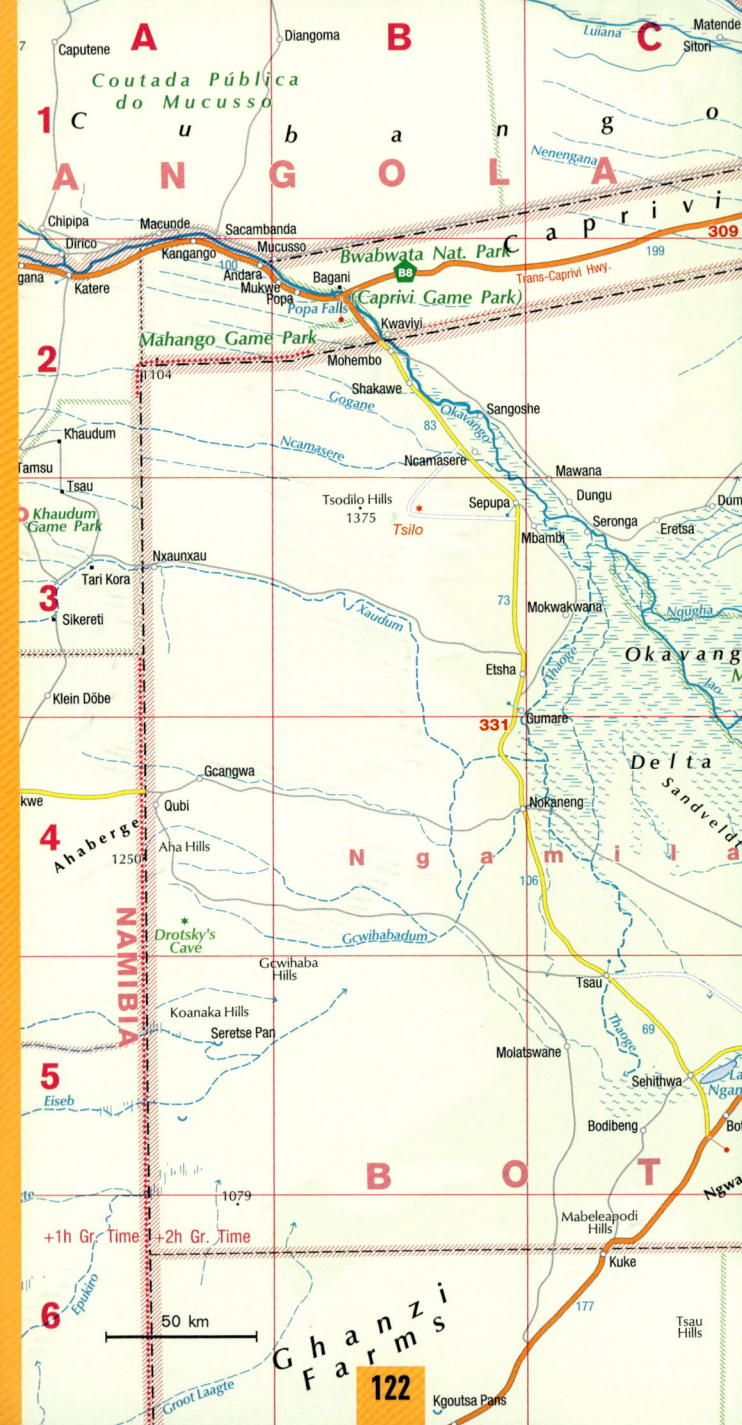

A   **B**   **C**

Matende
Sitori

Luiana

1   C   Caputene   Diangoma

C o u t a d a   P ú b l i c a
d o   M u c u s s o

A N G O L A   u   b   a   n   g   o

Nenengana

Chipipa   Macunde   Sacambanda

Dirico   Kangango   Mucusso   Bwabwata Nat. Park   **C a p r i v i**   **309**

...gana   Katere   Andara   Bagani   **B8**   199
   100   Mukwe   Popa   **(Caprivi Game Park)**   Trans-Caprivi Hwy.
    Popa Falls   Kwaviyi

2   *Mahango Game Park*   Mohembo
   1104   Shakawe   Sangoshe
     Gogane   83   *Okavango*

Khaudum   *Ncamasere*   Ncamasere   Mawana

Tamsu   Tsau   Dungu

o *Khaudum*   Tsodilo Hills   Sepupa   Seronga   Eretsa   Duma
  Game Park   1375   *Tsilo*   Mbambi

Nxaunxau   *Xaudum*   Mokwakwana   *Nqugha*

3   Tari Kora   73   **Okavang**

Sikereti   Etsha   *Thaoge*   Iao   M

Klein Döbe   **331**   Gumare   **D e l t a**

4   Gcangwa   *Sandveldt*
...kwe   Qubi   Nokaneng
  Ahaberge   Aha Hills   **N**   **g**   **a**   **m**   **i**   **l**   **a**
   1250   106

N A M I B I A   *Drotsky's Cave*   *Gcwihabadum*

   Gcwihaba Hills   Tsau

Koanaka Hills   *Thaoge*   69

5   *Eiseb*   Seretse Pan

Molatswane   Sehithwa   Lak Ngam

Bodibeng   Bott

   1079   **B**   **O**   **T**   Ngwar...

+1h Gr. Time   +2h Gr. Time   Mabeleapodi Hills

   Kuke

6   *Epukiro*   177   Tsau Hills

50 km   *G h a n z i*   *F a r m s*

   122

...te   *Groot Laagte*   Kgoutsa Pans

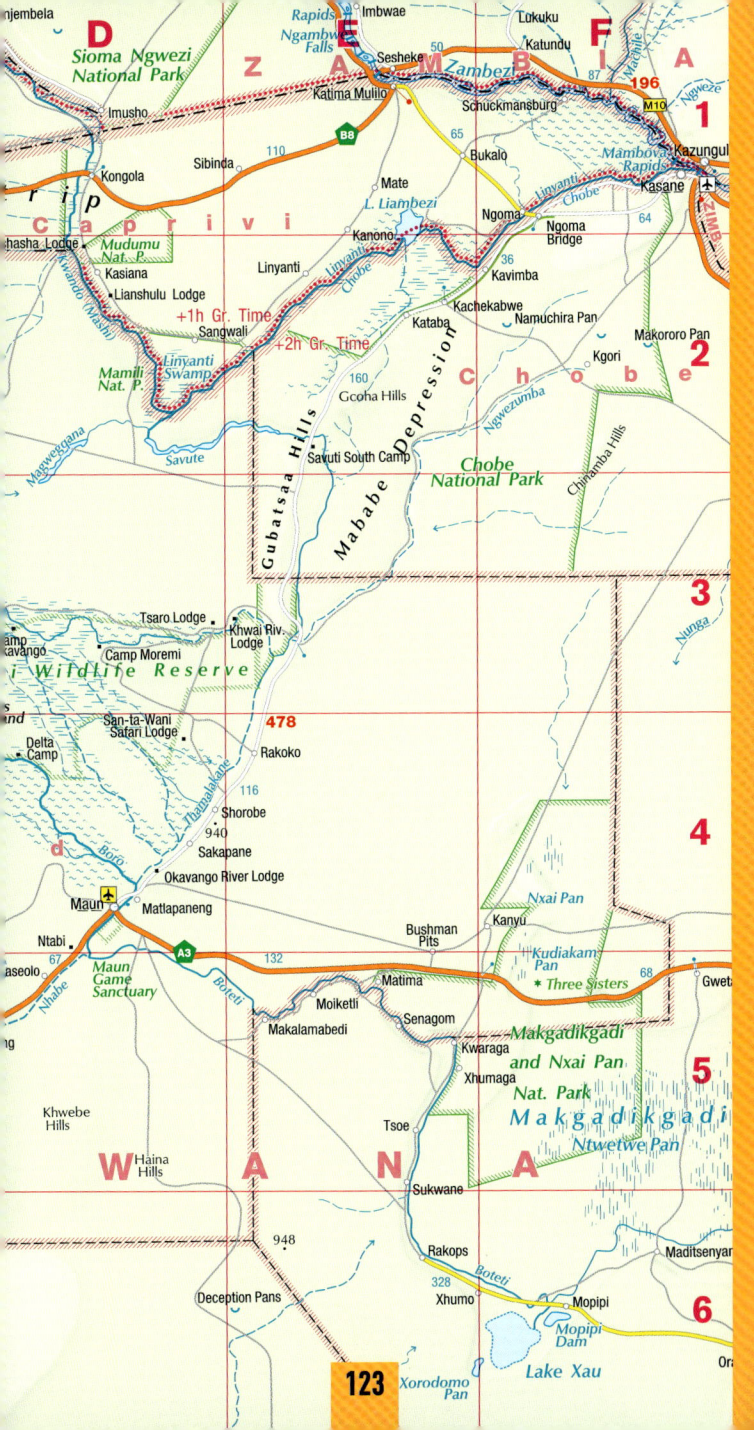

1

Durissa Bay
Main Gate
7°
Brandberg-West
White Lady
2574
Brandberg
Nature reserve
Uis Myn
115
C36
Omatjette
Okombahe
Ete
Paula's Cav

Goboboseb-berge
Messum
Messum Crater
102
Onaruru
Erongo

2

Bocock's Bay
Nat. West Coast
Tourist Rec. Area
(726)
C35
.43
Cape Cross
Seal Reserve
C34
53
Autsib
Spitzkoppe
1728
Spitskop
.2332
Phillip's Cave
Ameib
Kranzberg

Cape Farilhao
Hentjes Bay
Jakkalsputz
67
Ebony
Khan
B2
Trekkopje
Stinkbank
Usakos
Otji
2
E r o
Tsaobis
Leopard
Nature P.

3

A T L A N T I C
O C E A N
Wlotzkasbaken
Rock Bay
2
Namib
145
Arandis
Rössing
Welwitschia-
vlakte
Swakopmund
Goanikontes
Welwitschia
Plains
Swakop
Gawib
Moon
Landscape
344
Witv
Rand Rifles
35
Tumos
C28
155

Walvis
Bay
Rooikap
Walvis Bay
161
Gross Ubib
C14
Kriess-se-rus C
Rooibank

4

Tropic of Capricorn
Sandwich
Bay
Ilhea Point
Sandwich
Harbour
Z
a
m
i
Gobabed
Kuiseb
Hudaob
Kuiseb
Canyon

Black Cliff

5

Conception Bay
b
Diep
N a m i b -
D
e
Meob
Bay
Black Reef
Sesriem Canyon
Sesri
Tsauchab
1
Sossusvlei
N a u k l u f t

6

50 km
Lüderitz
s
e
P a r k
St. Francis
Bay
Wolwedans
Chowaga
Easter Point

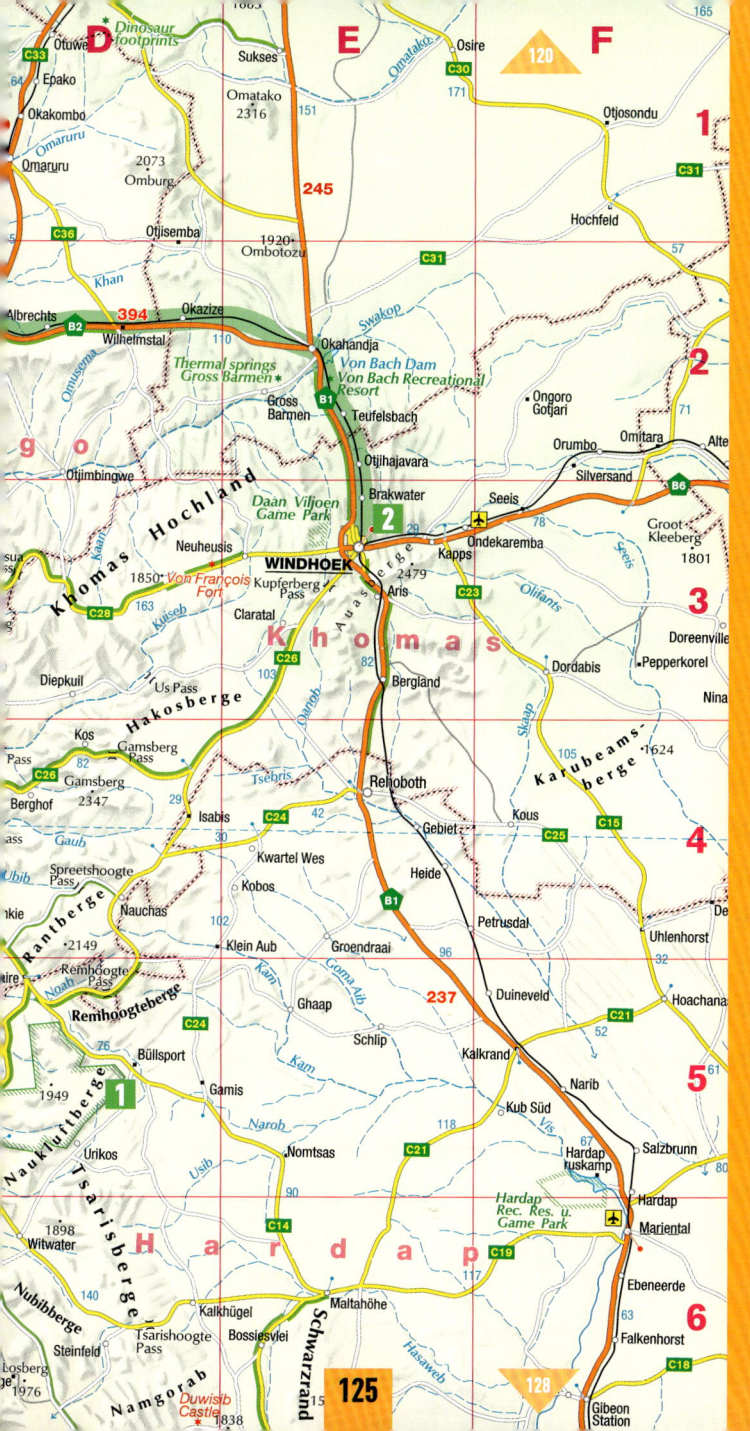

Dinosaur footprints
Otuwe
C33
Epako
Okakombo
Omaruru
Omburg 2073
Otjisemba
Omuscma
Albrechts
B2 394
Wilhelmstal
Okazize
Thermal springs Gross Barmen
Gross Barmen
B1
Otjimbingwe
Khomas Hochland
Neuheusis
Daan Viljoen Game Park
1850 Von François Fort
WINDHOEK
Kupferberg Pass
C28 163
Claratal
C26 103
Diepkuil
Us Pass
Hakosberge
Kos
Gamsberg Pass
C26
Gamsberg 2347
Berghof
Isabis
C24
Kwartel Wes
Spreetshoogte Pass
Nauchas
Kobos
rantberge
2149
Remhoogte Pass
Noab
Remhoogteberge
C24
Büllsport
Gamis
Urikos
Naukluftberge
Tsarisberge
1949
1898 Witwater
Nububberge
Kalkhügel
Tsarishoogte Pass
Bossiesvlei
Steinfeld
Losberg 1976
Namgorab
Duwisib Castle
1838

1885
Sukses
Omatako 2316
151
245
1920 Ombotozu
110
Okahandja
Von Bach Dam
Von Bach Recreational Resort
Teufelsbach
Otjihajavara
Brakwater
2
29
Aris
2479
Khomas
82
Bergland
Osonb
Tsebris
29
Gaub
102
Klein Aub
Groendraai
96
Ghaap
Schlip
Kam
237
Naroh
Nomtsas
C21
Usib
90
Hardap
C14
Maltahöhe
Schwarzrand
d
C19
117
Hasaweb
125

Omatako
Osire
C30
171
Otjosondu
1
C31
Hochfeld
57
Ongoro Gotjari
71
Orumbo
Silversand
Omitara
Alte
B6
Seeis
78
Groot Kleeberg
1801
Ondekaremba
Kapps
C23
Olifants
3
Doreenville
Pepperkorel
Dordabis
Nina
Karubeams-berge
105 1624
Kous
C25
C15
Gebiet
4
Heide
De
Petrusdal
Uhlenhorst
32
Duineveld
Hoachana
C21
52
Kalkrand
5
Narib
61
Kub Süd
Vis
80
Salzbrunn
Hardap Ruskamp
Hardap Rec. Res. u. Game Park
Hardap
Mariental
6
Ebeneerde
63
Falkenhorst
C18
128
Gibeon Station

120
F
165
Khan
Omaruru
C36
5
Swakop
Omusema
g o
Kuiseb
Pass
C26
Kaan
Ubib
nkie
aire
H a r d a p

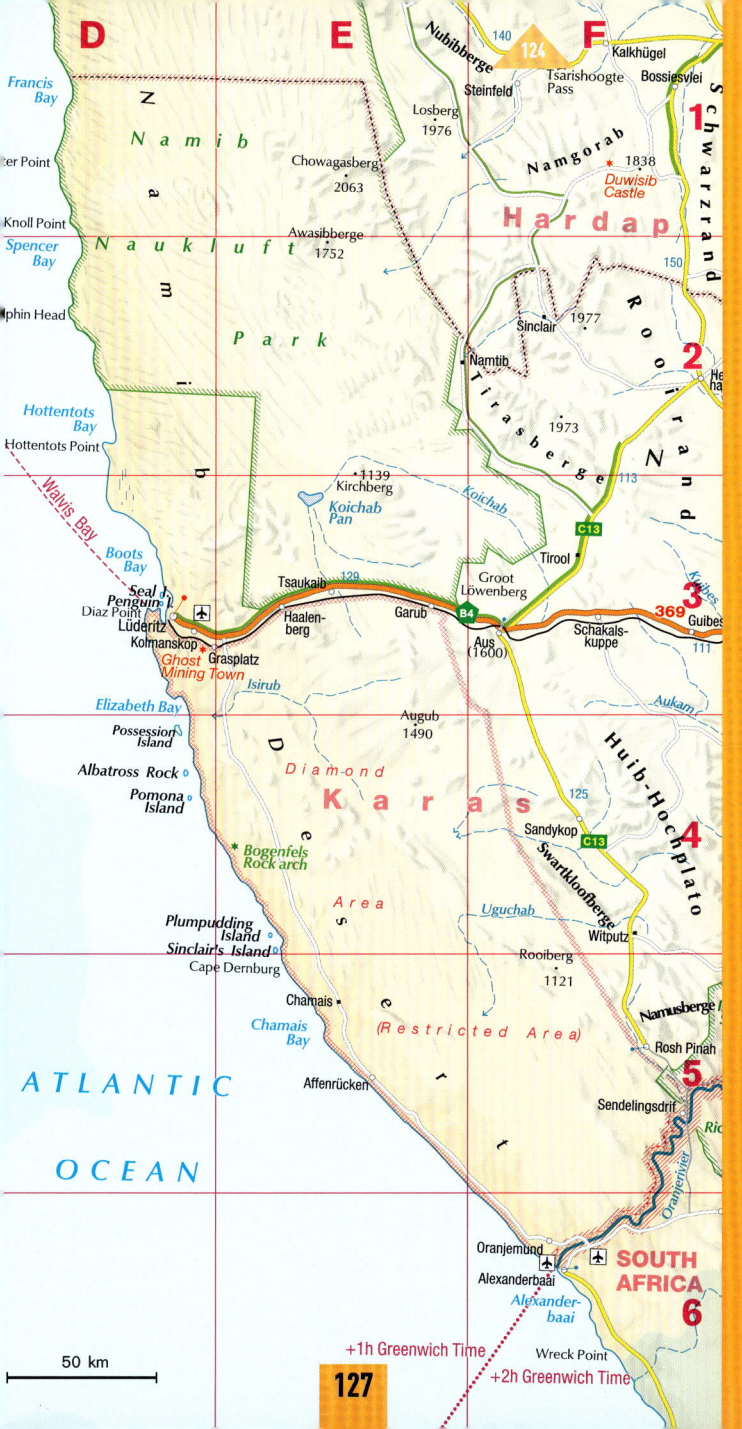

Lendepas

126

Kgalagadi

Gemsbok

1

50 km

National

Park

Olifants

C15 Eindpaal

Nossob Camp

Brakpan Tweerivier

495

Transfrontier

Mata Mata

68

2

Koës

273

Urikaruus
Camp

Auob

17

Park

n *d*

Gaibis

BOTSWANA

Springboktrek
Suid

ross Aub

Twee Rivieren

3

298

Rietfontein

105

Hakskeenpan

Bokspits

Molopo

Aroab

Stone
Rondavels

1049 C11

R
31

Andriesvale Witdraai

Kuruman Riv.

47

Uitsak-
pan

Koppieskraal-
pan

Askham

23

Warmfontein

Cramond

Vredeshoop

Koopan-Suid

sberge

Obobogorap

SOUTH

Abiekwasputs

enrivier

152

Noenieput

n a l a n d

B e t s j o e a

AFRICA

95

Vrouenspan

Kainab

Bokhara

5

Nuwefontein

Swartmodder

Geluksprui t

126

Nakop

329

Spitskop
Nat R.

Hamab Kums

Ariamsvlei

Grondneus

147

N
10

Platrant

Lutzputs

Upington

103

Blydeverwacht

1008

Augrabies
Falls N. P.

52

Ham

Orange

C10

Velloor

Augrabies Falls

Augrabies

Louisval

1033

Marchand

Keimoes

Kanoneiland

Onseepkans

40

Kakamas

Neilersdrif

6

Alheit

133

Nabies

R
27

Bladgrond

129

Hartbeesrivier

96

Pella

52

N
14

Autobahn, mehrspurige Straße - in Bau Highway, multilane divided road - under construction	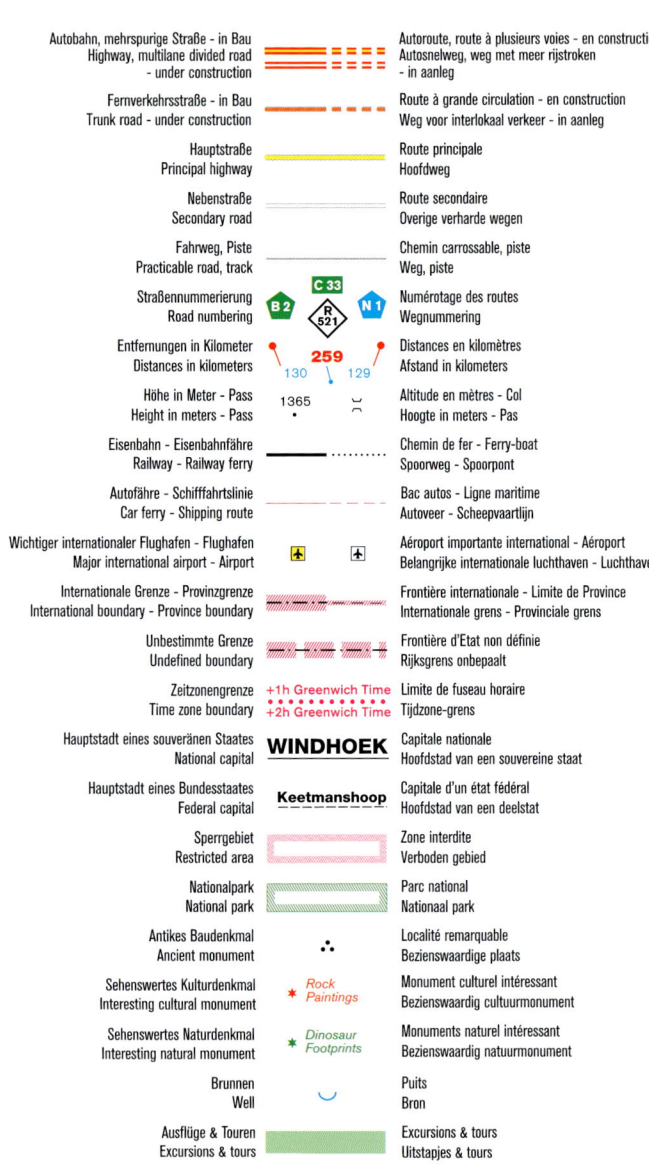	Autoroute, route à plusieurs voies - en construction Autosnelweg, weg met meer rijstroken - in aanleg
Fernverkehrsstraße - in Bau Trunk road - under construction		Route à grande circulation - en construction Weg voor interlokaal verkeer - in aanleg
Hauptstraße Principal highway		Route principale Hoofdweg
Nebenstraße Secondary road		Route secondaire Overige verharde wegen
Fahrweg, Piste Practicable road, track		Chemin carrossable, piste Weg, piste
Straßennummerierung Road numbering	B 2 C 33 R 521 N 1	Numérotage des routes Wegnummering
Entfernungen in Kilometer Distances in kilometers	130 259 129	Distances en kilomètres Afstand in kilometers
Höhe in Meter - Pass Height in meters - Pass	1365	Altitude en mètres - Col Hoogte in meters - Pas
Eisenbahn - Eisenbahnfähre Railway - Railway ferry		Chemin de fer - Ferry-boat Spoorweg - Spoorpont
Autofähre - Schifffahrtslinie Car ferry - Shipping route		Bac autos - Ligne maritime Autoveer - Scheepvaartlijn
Wichtiger internationaler Flughafen - Flughafen Major international airport - Airport	✈ ✈	Aéroport importante international - Aéroport Belangrijke internationale luchthaven - Luchthaven
Internationale Grenze - Provinzgrenze International boundary - Province boundary		Frontière internationale - Limite de Province Internationale grens - Provinciale grens
Unbestimmte Grenze Undefined boundary		Frontière d'Etat non définie Rijksgrens onbepaalt
Zeitzonengrenze Time zone boundary	+1h Greenwich Time +2h Greenwich Time	Limite de fuseau horaire Tijdzone-grens
Hauptstadt eines souveränen Staates National capital	**WINDHOEK**	Capitale nationale Hoofdstad van een souvereine staat
Hauptstadt eines Bundesstaates Federal capital	**Keetmanshoop**	Capitale d'un état fédéral Hoofdstad van een deelstaat
Sperrgebiet Restricted area		Zone interdite Verboden gebied
Nationalpark National park		Parc national Nationaal park
Antikes Baudenkmal Ancient monument	∴	Localité remarquable Bezienswaardige plaats
Sehenswertes Kulturdenkmal Interesting cultural monument	*Rock Paintings	Monument culturel intéressant Bezienswaardig cultuurmonument
Sehenswertes Naturdenkmal Interesting natural monument	*Dinosaur Footprints	Monuments naturel intéressant Bezienswaardig natuurmonument
Brunnen Well		Puits Bron
Ausflüge & Touren Excursions & tours		Excursions & tours Uitstapjes & tours

über den daten-
highway zu mehr
spaß auf allen
anderen straßen:

kein urlaub ohne

holiday autos

FREUEN SIE
SICH ÜBER
15 EURO
MIETWAGEN-
RABATT!

15 euro rabatt
sichern! sms
mit **HOLIDAY**
an **83111***
(49 cent/sms)

so einfach geht´s:
senden sie das wort **HOLIDAY** per sms an die nummer **83111***
(49 cent/sms) und wir schicken ihnen ihren rabatt-code per sms zurück.
mit diesem code erhalten sie 15 euro preisnachlass auf ihre nächste
mietwagenbuchung! einzulösen ganz einfach in reisebüros, unter der
hotline 0180 5 17 91 91 (14 cent/min) oder unter www.holidayautos.de
(mindestalter des mietwagenbuchers: in der regel 21 jahre). der code ist
gültig für buchung und mietbeginn bis 31.12.2010 für eine mindest-
mietdauer von 5 tagen. der rabattcode kann pro mobilfunknummer nur
einmal angefordert werden. dieses angebot ist gültig für alle zielgebiete
aus dem programm von holiday autos nach verfügbarkeit.

*vodafone-kunden: 12 cent vodafone-leistung + 37 cent zusatzentgelt des anbieters.
 teilnahme nur mit deutscher sim-karte möglich.

REGISTER

Hier finden Sie alle in diesem Reiseführer erwähnten Orte und Ausflugsziele, wichtige Sachbegriffe und Personen. Halbfette Seitenzahlen verweisen auf den Haupteintrag, kursive auf ein Foto.

IMPRESSUM

SCHREIBEN SIE UNS!

Liebe Leserin, lieber Leser,

wir setzen alles daran, Ihnen möglichst aktuelle Informationen mit auf die Reise zu geben. Dennoch schleichen sich manchmal Fehler ein – trotz gründlicher Recherche unserer Autoren/innen. Sie haben sicherlich Verständnis, dass der Verlag dafür keine Haftung übernehmen kann.

Wir freuen uns aber, wenn Sie uns schreiben.

Senden Sie Ihre Post an die MARCO POLO Redaktion, MAIRDUMONT, Postfach 31 51, 73751 Ostfildern, info@marcopolo.de

IMPRESSUM

Titelbild: Springböcke (Getty Images: Woodhouse)
Fotos: Helga Ahrendt (12 o.); Dr. Bleinagel (84); Leigh Daniz (14 u.); Silke Feldmann (13 o., 13 u., 15 o., 96 o. l., 97 M. l., 97 u. r.); Das Fotoarchiv: Craig-Cooper (6/7, 80/81), Schadomsky (34), Stubbs (24/25); H. Friedrichsmeier (3 l., 4 r., 21, 85); Getty Images: Woodhouse (1); G. Hartmann (Klappe links, 18, 48, 54, 111); HB Verlag: Emmler (Klappe rechts, 3 M., 20, 22, 23, 27, 28, 29, 60, 64, 68, 71, 76, 82, 86, 94, 101, 105), Kiedrowski/Schwarz (2 r.); Huber: Kreder (22/23, 63), Mehlig (30/31, 98/99), Schmid (89); © iStockphoto.com: IsabelleAlessandra (96 M. l.), cglow (97 o. l.), LyaC (15 M.), SweetyMommy (97 M. r.), DeniseTorres (96 u. r.); Kingclip Artist Management: Dave the Brave (14 o.); F. Köthe (37, 45, 92); Laif: Celentano (38), Emmler (16/17, 26, 28/29, 32, 56/57, 61, 65), Heeb (70, 72, 90/91, 100); K. Maeritz (46/47, 74/75); H. Mielke (2 l., 5, 8/9, 53, 104, 116/117); Okapia/Wildlife Pictures: Dennis (Klappe Mitte, 11); Olive Grove Guesthouse: Roger Fussell (15 u.); Pambili Association Namibia: Sanna Latva-Ranta (12 u.); U. Schmitz (79, 135); T. Stankiewicz (40, 42, 67, 102/103); La Terra Magica: Lenz (3 r., 4 l., 50, 58); Woven Arts of Africa cc: Tim Parkhouse (96 M. r.)

7, aktualisierte Auflage 2008
© MAIRDUMONT GmbH & Co. KG, Ostfildern
Verlegerin: Stephanie Mair-Huydts; Chefredaktion: Michaela Lienemann, Marion Zorn
Autorin: Ulla Schmitz; Redaktion: Manfred Pötzscher
Programmbetreuung: Leonie Dlugosch, Nadia Al Kureischi; Bildredaktion: Gabriele Forst
Szene/24h: wunder media, München
Kartografie Reiseatlas: © MAIRDUMONT, Ostfildern
Innengestaltung: Zum goldenen Hirschen, Hamburg; Titel/S. 1–3: Factor Product, München
Sprachführer: in Zusammenarbeit mit Ernst Klett Sprachen GmbH, Stuttgart, Redaktion PONS Wörterbücher

FÜR IHRE NÄCHSTE REISE

gibt es folgende MARCO POLO Titel:

DEUTSCHLAND

Allgäu
Amrum/Föhr
Bayerischer Wald
Berlin
Bodensee
Chiemgau/Berchtes-
  gadener Land
Dresden/Sächsische
  Schweiz
Düsseldorf
Eifel
Erzgebirge/Vogtland
Franken
Frankfurt
Hamburg
Harz
Heidelberg
Köln
Lausitz/Spreewald/
  Zittauer Gebirge
Leipzig
Lüneburger Heide/
  Wendland
Mark Brandenburg
Mecklenburgische
  Seenplatte
Mosel
München
Nordseeküste
  Schleswig-
  Holstein
Oberbayern
Ostfriesische Inseln
Ostfriesland/
  Niedersachsen/
  Helgoland
Ostseeküste
  Mecklenburg-
  Vorpommern
Ostseeküste
  Schleswig-
  Holstein
Pfalz
Potsdam
Rheingau/
  Wiesbaden
Rügen/Hiddensee/
  Stralsund
Ruhrgebiet
Schwäbische Alb
Schwarzwald
Stuttgart
Sylt
Thüringen
Usedom
Weimar

ÖSTERREICH | SCHWEIZ

Berner Oberland/
  Bern
Kärnten
Österreich
Salzburger Land

Schweiz
Tessin
Tirol
Wien
Zürich

FRANKREICH

Bretagne
Burgund
Côte d'Azur/
  Monaco
Elsass
Frankreich
Französische
  Atlantikküste
Korsika
Languedoc-
  Roussillon
Loire-Tal
Normandie
Paris
Provence

ITALIEN | MALTA

Apulien
Capri
Dolomiten
Elba/Toskanischer
  Archipel
Emilia-Romagna
Florenz
Gardasee
Golf von Neapel
Ischia
Italien
Italienische Adria
Italien Nord
Italien Süd
Kalabrien
Ligurien/
  Cinque Terre
Mailand/Lombardei
Malta/Gozo
Oberital. Seen
Piemont/Turin
Rom
Sardinien
Sizilien/
  Liparische Inseln
Südtirol
Toskana
Umbrien
Venedig
Venetien/Friaul

SPANIEN | PORTUGAL

Algarve
Andalusien
Barcelona
Baskenland/Bilbao
Costa Blanca
Costa Brava
Costa del Sol/
  Granada
Fuerteventura

Gran Canaria
Ibiza/Formentera
Jakobsweg/Spanien
La Gomera/El Hierro
Lanzarote
La Palma
Lissabon
Madeira
Madrid
Mallorca
Menorca
Portugal
Spanien
Teneriffa

NORDEUROPA

Bornholm
Dänemark
Finnland
Island
Kopenhagen
Norwegen
Schweden
Südschweden/
  Stockholm

WESTEUROPA | BENELUX

Amsterdam
Brüssel
Dublin
England
Flandern
Irland
Kanalinseln
London
Luxemburg
Niederlande
Niederländische
  Küste
Schottland
Südengland

OSTEUROPA

Baltikum
Budapest
Estland
Kaliningrader
  Gebiet
Lettland
Litauen/Kurische
  Nehrung
Masurische Seen
Moskau
Plattensee
Polen
Polnische Ostsee-
  küste/Danzig
Prag
Riesengebirge
Russland
Slowakei
St. Petersburg
Tschechien
Ungarn
Warschau

SÜDOSTEUROPA

Bulgarien
Bulgarische
  Schwarzmeerküste
Kroatische Küste/
  Dalmatien
Kroatische Küste/
  Istrien/Kvarner
Montenegro
Rumänien
Slowenien

GRIECHENLAND | TÜRKEI | ZYPERN

Athen
Chalkidiki
Griechenland
  Festland
Griechische
  Inseln/Ägäis
Istanbul
Korfu
Kos
Kreta
Peloponnes
Rhodos
Samos
Santorin
Türkei
Türkische Südküste
Türkische Westküste
Zakinthos
Zypern

NORDAMERIKA

Alaska
Chicago und
  die Großen Seen
Florida
Hawaii
Kalifornien
Kanada
Kanada Ost
Kanada West
Las Vegas
Los Angeles
New York
San Francisco
USA
USA Neuengland/
  Long Island
USA Ost
USA Südstaaten/
  New Orleans
USA Südwest
USA West
Washington D.C.

MITTEL- UND SÜDAMERIKA

Argentinien
Brasilien
Chile
Costa Rica
Dominikanische
  Republik

Jamaika
Karibik/
  Große Antillen
Karibik/
  Kleine Antillen
Kuba
Mexiko
Peru/Bolivien
Venezuela
Yucatán

AFRIKA | VORDERER ORIENT

Ägypten
Djerba/
  Südtunesien
Dubai/Vereinigte
  Arabische Emirate
Israel
Jerusalem
Jordanien
Kapstadt/
  Wine Lands/
  Garden Route
Kenia
Marokko
Namibia
Qatar/Bahrain/
  Kuwait
Rotes Meer/Sinai
Südafrika
Tunesien

ASIEN

Bali/Lombok
Bangkok
China
Hongkong/
  Macau
Indien
Japan
Ko Samui/
  Ko Phangan
Malaysia
Nepal
Peking
Philippinen
Phuket
Rajasthan
Shanghai
Singapur
Sri Lanka
Thailand
Tokio
Vietnam

INDISCHER OZEAN | PAZIFIK

Australien
Malediven
Mauritius
Neuseeland
Seychellen
Südsee

> UNSERE INSIDERIN
MARCO POLO Autorin Ulla Schmitz im Interview

 **Ulla Schmitz arbeitet als Reisejournalistin und freie Mitarbeiterin von Tageszeitungen und Magazinen**

Wie haben Sie Namibia kennengelernt?

Meine ersten Aufenthalte fanden schon in den 1970er-Jahren statt, dann reiste ich wieder nach 1990, nach der Unabhängigkeit, nach Namibia. Seither besuche ich das Land regelmäßig und mehrfach im Jahr. Ich lebe nicht in Namibia, verbringe aber mehr als die Hälfte des Jahres dort.

Was reizt Sie an Namibia?

Die Weite des Landes: Ich kann hier, so lange ich es will, allein sein. Die kompromisslosen Erscheinungsformen der Landschaften, so dass ich im wirklichen Busch oder in der Wüste bin, wenn ich das will. Auch wenn Namibia nicht eigentlich mein Zuhause ist – ich fühle mich dort mehr zu Hause als anderswo.

Und was mögen Sie an Namibia nicht so?

Die noch immer deutschtümelnden, weißen Besserwisser und „Weltverbesserer". Doch dieses Problem löst die Biologie nun zügig.

Kommen Sie viel in Namibia herum?

Ich bin viel unterwegs, wenn ich in Namibia bin. Außerdem haben wir Freunde in Botswana, in Sambia und Angola, so dass wir auch häufig in diesen Ländern sind und dort mit unseren Freunden Safaris unternehmen – das ist Tradition in Afrika.

Was tun Sie in Ihrer Freizeit?

Ich lesen und versuche, Gemüse zu züchten. Und wenn möglich sitze ich irgendwo im Land und schaue all den kleinen und gewaltigen Dingen zu, die sich einfach ereignen. Haben Sie schon einmal gehört wie Geckos bellen, ein Wüstengewitter erlebt oder gesehen, wie ein Elefant geradewegs auf das Fahrzeug zukommt, mit dem Rüssel durch die offene Tür Ihnen über den Arm schnuffelt, anschließend mit lautem Trompeten das Lagerfeuer austrampelt und lässig davonschlendert?

Mögen Sie die namibische Küche?

Alle Fischgerichte und Butternut in jeder Form.

Was prädestiniert Sie als MARCO POLO Autorin?

Meine Nähe zu allem, was Namibia ausmacht: Zu den Menschen, zu den Geschehnissen und ihren Folgen, zu den Landschaften bis in alle Ecken. Unverstellte Blickwinkel und die Lust, mich mit jedem und allem auseinanderzusetzen.

> BLOSS NICHT!

Im Wildpark das Fahrzeug verlassen

In den Nationalparks Etosha und Caprivi ist während der Safari das Aussteigen aus Auto oder Bus grundsätzlich verboten. Auch die Camps dürfen nicht zu Fuß verlassen werden, schon gar nicht nachts. Trotzdem gibt es immer wieder unvernünftige Touristen, die sich etwa auf das Dach ihres Autos stellen, um besser fotografieren zu können, oder die schnell mal hinterm Busch ein „Geschäft" erledigen wollen. Das kann tödlich sein! Wildhüter können sehr drastisch schildern, was passiert, wenn eine Löwin ihr Junges bedroht sieht oder gar ein Elefant erst einmal in Bewegung gegen ein feindliches Objekt gekommen ist – zu stoppen ist er dann nicht mehr.

Mit zu wenig Ausrüstung auf Tour gehen

Namibias Straßensystem ist beachtlich, doch bei Reifenpanne oder Motorschaden sollte man sich zu helfen wissen. Zu bedenken ist vor allem, dass Tankstellen, Übernachtungsmöglichkeiten und Wasserstellen oft bis zu 200 km auseinander liegen. Jede Fahrt sollte gut geplant sein. Wer die Hauptrouten verlässt und in den Caprivi oder die Wüste fährt, sollte neben obligatorischen Ersatzreifen auch Sandbleche, Schaufeln und eine Winde dabeihaben.

In der Wüste querfeldein fahren

Wer in der Wüste die Piste verlässt oder mit einem zu breiten Reifenprofil fährt, kann schwere Schäden anrichten. Weil die oberste Schicht des Wüstenbodens porös ist, ändert sich durch das pressende Gewicht die Bodenstruktur und vernichtet damit darunter liegende Flora oder Kleinfauna. Auch hochgehobene Steine sollten immer wieder an ihren Platz zurückgelegt werden. Und entgegen der landläufigen Meinung verwehen Reifen- wie auch Fußspuren in Jahrzehnten nicht. Wichtig: Wegen der besseren Bodenhaftung nicht mit zu viel, sondern zu wenig Luft in den Reifen fahren.

Mit Kamera o. ä. durch Townships

Die in den 1960er-Jahren erbaute Schwarzensiedlung Katutura gehört zu den besonders interessanten und lebendigen Vierteln Windhoeks. Aber wer Menschen, die in überwiegend ärmlichen Verhältnissen leben, mit glänzender Elektronik oder auffälligem Schmuck provoziert, die für sie selbst unerschwinglich ist, darf sich nicht wundern, wenn er auf aggressive Reaktionen stößt.

Offensiv outen

Homosexuelle Paare sollten ihre Zuneigung zueinander nicht in der Öffentlichkeit demonstrieren. Gleichgeschlechtliche Liebe wird in der namibischen Gesellschaft nicht nur nicht verstanden, sie wird auch unter keinen Umständen toleriert. Aggressive Reaktionen sind da keine Seltenheit.